# İçindekiler

Bilmeceler ........ 7
Bilin Bakalım ........ 25
Zeka Soruları ........ 47
Yanıltmacalar (Tekerlemeler) ........ 59
İlginç, Kısa Öyküler ........ 67
Fıkralar ........ 73
İllüzyonlar ........ 155
Deneyler ve Keyifli Uğraşlar ........ 163
Eğlenceli Duvar Yazıları ........ 173
Bunları Biliyor Musunuz? ........ 179
Peki Bunları Biliyor Muydunuz? ........ 187
Kağıt Katlama Sanatı ........ 189
Zeka Sorularının Cevapları ........ 199
Kaynakça ........ 203

# GÜLDÜREN VE EĞLENDİREN

## FIKRALAR
## ESPRİLER
## BİLMECELER
## DUVAR YAZILARI

**YAKAMOZ ÇOCUK** 30
**ISBN** 978-605-384-229-3 **SERTİFİKA NO** 16238
**1. BASKI** HAZİRAN 2010

**HAZIRLAYAN** AYLİN YELKENLİ
**YAYIN YÖNETMENİ** ENDER HALUK DERİNCE
**GÖRSEL YÖNETMEN** FARUK DERİNCE
**EDİTÖR** ALEV AKSAKAL
**İÇ TASARIM** TUĞÇE GÜLEN
**BASIN ve HALKLA İLİŞKİLER** AKİF BAYRAK
**MÜŞTERİ TEMSİLCİSİ** RAMAZAN YORULMAZ
**BASKI** MELİSA MATBAACILIK
Çifte Havuzlar Yolu
Acar Sitesi No: 4
Davutpaşa/İSTANBUL

**İNTERNET ALIŞVERİŞ**
www.dr.com.tr • www.ideefixe.com • www.kitapyurdu.com • www.hepsiburada.com

yakamoz
yayınları

Gürsel Mah. Alaybey Sk. No: 7/1 Kağıthane/İSTANBUL
Tel: 0212 222 72 25 Faks: 0212 222 72 35
E-posta: info@yakamoz.com.tr

# GÜLDÜREN VE EĞLENDİREN

## FIKRALAR
## ESPRİLER
## BİLMECELER
## DUVAR YAZILARI

# BİLMECELER

# BİLMECELER

Küçük kare kutu, içi insan dolu.
*Televizyon.*

İncecik beli, elimin eli.
*Çatal.*

Üstü çayır, biçilir. Altı çeşme, içilir.
*Koyun.*

Ufacık mermer tası. İçinde beyler aşı.
Pişirirsen aş olur. Pişirmezsen kuş olur.
*Yumurta.*

Ocak başında kuyu, kuyunun içinde suyu;
suyun içinde yılan, yılanın ağzında mercan.
*Gaz lambası.*

Sıra sıra odalar, birbirini kovalar.
*Tren.*

Mavi tarla üstünde, beyaz güvercin yürür.
*Yelkenli.*

Küçücük fıçıcık, içi dolu turşucuk.
*Limon.*

Bir çuval cevizim var, sayarım tükenmez.
*Yıldız.*

Yarım kaşık, duvara yapışık.
*Kulak.*

Sarı tavuk dalda yatar, dal kırılır yerde yatar.
*Ayva.*

İki camlı pencere, bakıp durur her yere.
*Gözlük.*

Yürür yürür iz etmez, hızlı gitse toz etmez.
*Gemi.*

İp bağladım sıpaya, uçtu gitti tepeye.

*Uçurtma.*

Kolu var, eli yok, karnı yarık karnı yok.

*Ceket.*

Et dedim met dedim git şuraya yat dedim.

*Süpürge.*

Yeraltında uzun minare.

*Havuç.*

Sarıdır sallanır, dalında ballanır.

*Portakal.*

Gece gündüz yufka açar.

*Deniz.*

Şehirden şehre koşarım, köyden köye giderim, fakat hiç hareket etmem.

*Yol.*

Ağzı vardır konuşmaz, yatağı vardır,
fakat hiç uyumaz.

*Akarsu.*

Allah yapar yapısını. Bıçak açar kapısını.

*Karpuz.*

Uzaktan baktım hiç yok,
yakından baktım pek çok.

*Karınca.*

İstanbul'da süt pişti, kokusu buraya düştü.

*Mektup.*

Yedi delikli tokmak, bunu bilmeyen
ahmak.

*Baş.*

Uzaktan baktım bir kara taş, yanına gittim
dört ayak bir baş.

*Kaplumbağa.*

Yer altında yağlı kayış.
*Yılan.*

Zilim var, kapım yok.
*Telefon.*

Başımda saç yok, içimde tat çok.
*Kabak.*

Alçacık boyu var, kadifeden donu var.
*Patlıcan.*

Dişim var, ağzım yok.
*Tarak.*

İçinde akrep var, zarar vermeden turlar.
*Saat.*

Taştandır demirdendir, yediği
hamurdandır, bütün dünyayı doyurur,
kendi doymaz nedendir?
*Fırın.*

Uzadıkça kısalan şey nedir?
*Hayat - Ömür.*

Adam saçını ıslatmadan şampuanlamış, neden?
*Çünkü kuru saçlar için yazıyormuş.*

Tavuklar en çok hangi ülkeyi sever?
*Mısır.*

Yaşlanan Temel'e ne olur?
*Kurulanır.*

Düşünen file ne denir?
*Filozof.*

Hangi kalemle yazı yazılmaz?
*Kontrol kalemiyle.*

Servis yapıldığı halde yenmeyen şey nedir?
*Tenis topu.*

Mantarlar niçin şemsiye şeklindedir?
*Yağmurlu yerlerde yetiştikleri için.*

En temiz böcek hangisidir?
*Hamamböceği.*

Termometrenin düşmesi neyi gösterir?
*Çivinin iyi çakılmadığını.*

Bize ait olduğu halde başkalarının kullandığı şey nedir?
*Adımız.*

Anne kırkayağın en çok yorulduğu gün hangisidir?
*Çocuklarının ayaklarını yıkadığı gün.*

İnsan en çok ne yiyince üzülür?
*Kazık.*

Okur yazar olmayan zenciye ne denir?
*Kara cahil.*

Ava giden sakar adama arkadaşı ne hediye eder?
*Köpeği için kurşun geçirmez yelek.*

En son hangi dişler çıkar?
*Takma dişler.*

Bisiklet ne zaman uçak kadar hızlı gider?
*Uçağa bindiğinde.*

Kirpiler nasıl oyun oynarlar?
*Çok dikkatli.*

Domates nasıl kızarır?
*Yüzüne tokat atınca.*

Minareye çıkan fil ne demiş?
*Minareden aşağı at beni, in aşağı tut beni.*

Hangi maymunlar ağaca çıkamaz?
*Yükseklik korkusu olanlar.*

Çok hızlı giden bir tırı kim durdurur?
*Trafik Polisi.*

Duvara çarpan araba ne olur?
*Durur.*

10 tilki, 8 kedi, 20 tavuk ne yapar?
*Gürültü.*

Bozulduğu halde tamir edilmeyen şey nedir?
*Hava.*

Kutuplara giden zenciye ne olur?
*Donar.*

Denizler gerçekte mavi boya olsaydı ne olurdu?
*Mavi boya sudan ucuz olurdu.*

Büyük baca, küçük bacaya ne demiş?
*Büyüklerin yanında sigara içmeye utanmıyor musun?*

Hangi macun yenir?
*Lahmacun.*

Kırıldığında üzülmediğimiz şey nedir?
*Rekor.*

Hangi bağda üzüm yetişmez?
*Ayakkabı bağında.*

Hiç kimsenin okuyamadığı yazı hangisidir?
*Alın yazısı.*

Bir elma diskoya gitmiş, neden?
*Kurtlarını dökmek için.*

Şeker çaya ne demiş?
*Kahvaltıda buluşalım.*

Dünyanın en iyi döndüğünü kimler bilir?
*Sarhoşlar.*

Eve gelen hırsız neyi çalmaz?
*Zili.*

Erkek robot dişi robotu görünce ne olur?

*Vidaları gevşer.*

Uçak düşmüş, ama kimse ölmemiş. Neden?

*Çünkü uçak Pamukbank'ın üstüne düşmüş.*

Bir adam OMO'yla yıkanmış ve maymuna dönüşmüş. Neden?

*Çünkü OMO'yla yıkanan her şey ilk günkü gibi olur.*

Adam bilgisayar başında uyuyakalmış. Ertesi gün nezle olmuş. Neden?

*Windows açık kalmış.*

Bir adam çölde kalmış, çay bulmuş; çayı çok sevdiği halde, içmemiş. Neden?

*Çünkü Ülker'siz bir çay saati düşünülemez.*

Tabanca ne ile temizlenir?

*Dikkatle.*

Adamın başına kola dökülmüş, ne demiş?

*Kolaysa başına gelsin.*

İnsanların en çok bakakaldığı yer neresidir?
*Bakkal.*

Patlıcan harakiri yaparsa ne olur?
*Karnıyarık.*

İnsanlar gemide transa geçerse ne olur?
*Transatlantik.*

Kadın bir gün mahkemeden çatal, bıçak sesleri duymuş. Neden?
*Çünkü adamın hakkını yiyorlarmış.*

Muazzez Abacı sahnede kıpırdayamıyormuş. Neden?
*Hatıralar sarmış dört bir yanını.*

Limon ne zaman sıkılır?
*Yalnız kalınca.*

Tartı neden tartmamış?
*Çünkü üzerinde anti-tartar diş macunu varmış.*

Yılanla kirpi evlenirse ne olur?

*Dikenli tel.*

Temel Fadime'yi buzluğa koymuş. Neden?

*İlişkileri bozulmasın diye.*

Bir aile hergün patates yiyormuş. Bir gün kapı çalmış. Kim gelmiş?

*Gına.*

Futbol maçı seyircilerinde niçin "C vitamini" eksikliği vardır?

*Limon ve portakalları sahaya attıkları için.*

Politikacı ile çoban arasında ne fark vardır?

*Birisi nutuk atarak, ikincisi de kaval çalarak uyuturlar.*

İki fil bir borunun iki ucundan bakıyorlarmış, ama birbirlerini görmüyorlarmış. Neden?

*Birbirlerini görmemezlikten geliyorlarmış.*

İki kırkayak birleşince ne olur?

*Fermuar.*

Kolun siyaha boyanmışına ne denir?

*Karakol.*

Trenlerin uğramadığı son durak hangisidir?

*Garson.*

Dananın kuyruğu ne zaman kopar?

*Bir yere sıkışınca.*

Balıklar niçin konuşmaz?

*Su yutmamak için.*

Hangi karnede sıfır bulunmaz?

*Sağlık karnesinde.*

İngilizce'deki en uzun kelime hangisidir?

*SMILES (1 mile: 1609 metre)*

Avlanması en zor hayvan hangisidir?

*Dinozor.*

En çok araba olan ilimiz hangisidir?
*Kars.*

En şişman kız kimdir?
*Fatma.*

Futbolcunun gözleri aşırı derece miyop olursa ne olur?
*Hakem.*

Filler neden büyük, gri ve ovaldirler?
*Çünkü filler küçük, beyaz ve yuvarlak olsalardı, aspirin olurlardı.*

Eşekler neden kervanın önünde yürürler?
*Aşağılık kompleksinden.*

Timsahlar neden gazete okumazlar?
*İnsanlarla ilgili konular onları ilgilendirmez.*

Bir saat günde 13 defa çalarsa neyi gösterir?
*Bozuk olduğunu.*

Kimler çalışırken sigara içemez?

*Dalgıçlar.*

Balıklar neyi sevmez?

*Izgarayı.*

Hangi yürüyüşte ayakkabılarımızı çıkartırız?

*Sessiz yürüyüşte.*

Türkçe'de en uzun sözcük hangisidir?

*Lastik.*

Ankara neden soğuktur?

*06 olduğu için.*

Sinemada önümüze bir ayı oturursa ne olur?

*Filmin büyük bir bölümünü kaçırmış oluruz.*

Dünyanın en büyük kirazı nerede yetişir?

*Tabii ki kiraz ağacında.*

Renkli televizyon siyah beyaz televizyona ne der?

*Rengin solmuş.*

Cuma, nerede Salı'dan önce gelir?

*Sözlükte.*

# BİLİN BAKALIM

?

# BİLİN BAKALIM - 1

Bir kurt, bir kuzu ve bir balya samanı, bir nehirde karşıdan karşıya geçirmeniz gerekiyor. Kurallar şöyle:

- Sandalda en fazla bir kişilik veya eşyalık yer var.
- Eğer yalnız kalırlarsa kurt kuzuyu, kuzu samanı yer.

Verilen kurallara göre hiç bir kayıp vermeden karşıya geçmek mümkün mü?

*CEVAP: Başlarken kuzu ile başlamak gerek. Kuzuyu geçirdikten sonra dönüp kurdu alırsınız. Kurt ile kuzuyu yalnız bırakamayacağınızdan kuzuyu tekrar geri getirirsiniz. Sıra samanı karşıya geçirmeye geldi. Samanı da geçirdikten sonra dönüp kuzuyu alırsınız ve böylece üçünü de karşıdan karşıya sağ salim geçirmiş olursunuz.*

# BİLİN BAKALIM - 2

İki baba ve iki oğula üç elmayı hiç parçalamadan nasıl paylaştırırsınız?

*CEVAP: İki baba ve iki oğulu şu şekilde düşünüyoruz. Büyükbaba, baba ve torun. Burada üç kişi vardır. Her birine birer elma veririz.*

# BİLİN BAKALIM - 3

Bir odada iki arkadaş bulunuyorsunuz. Arkadaşınız size şöyle bir soru yöneltiyor; "Benim bu odada oturamayacağım bir yere oturabilir misin?"
Odanın içerisinde öyle bir yer var mıdır? Neresi olabilir?

*CEVAP: Arkadaşınızın odada oturamayacağı tek yer kendi dizinin üzeridir.*

# BİLİN BAKALIM - 4

Bir mahkumun ölüm cezası kuraya bağlanmıştır. Kurayı hazırlayan vezir mahkumun azılı düşmanı olduğu için iki kağıda da ölüm yazacaktır. Onun böyle yapacağını mahkum da bilmektedir. Fakat sultanın yanında veziri itham edememektedir. Mahkum nasıl hareket etmeli ki ölümden kurtulsun?

*CEVAP: Çektiğime razıyım deyip çektiği kağıdı yutmalı. Geriye kalan kağıtta ölüm yazdığı için yuttuğu kağıt sağ kaldığını ifade eder.*

# BİLİN BAKALIM - 5

Elimdeki çiçeklerin ikisi hariç hepsi papatya, ikisi hariç hepsi gül ve ikisi hariç hepsi karanfil olduğuna göre elimde hangi çiçekten kaç tane bulunmaktadır ?

*CEVAP: 1 papatya, 1 gül, 1 karanfil.*

# BİLİN BAKALIM - 6

İki arkadaş değişik bir yarış yapmaya karar verirler. Atlarını yarıştıracaklar ve hangi at sonuncu gelirse yarışı o kazanmış sayılacaktır. Atlarına binerler ve başlangıç çizgisine gelirler. Ancak her ikisi de atının geride kalmasını istediği için harekete geçmemekte, yarış bir türlü başlamamaktadır. Yarışın başarıyla gerçekleşmesi için onlara ne önerirsiniz?

*CEVAP: Atları değişmeleri yeterlidir.*

# BİLİN BAKALIM - 7

Bir odada iki kişi var, birisi doğrucu birisi yalancı. Odadan iki çıkış var, birisi çıkış kapısı, diğeri bahçeye çıkıyor. Çıkış kapısını bulmak için nasıl bilgi alırsınız?

*CEVAP: İçlerinden birine; "Arkadaşına sor bakalım, çıkış kapısı hangisiymiş" deriz ve söylenenin tersini yaparız.*

# BİLİN BAKALIM - 8

Bir otobüs şoförüsünüz. Otobüste 15 yolcu var, ilk durakta 3 iniyor, 5 biniyor, sonraki durakta 6 iniyor, 3 biniyor... Son durakta, 4 iniyor, 8 biniyor. Otobüs şoförünün gözü ne renktir?

*CEVAP: Kendi göz renginizi biliyor olmalısınız.*

# BİLİN BAKALIM - 9

Önünüzdeki masada 12 adet madeni para var ve gözleriniz bağlı. Hangilerinin yazı, hangilerinin tura olduğunu dokunarak anlayamıyorsunuz. Paraların yarısı yazı, yarısı da tura durumunda. Paraları eşit sayıda tura içeren iki gruba nasıl ayırırsınız?

*CEVAP: Önce rastgele iki gruba ayırır, sonra gruplardan birini tersine çevirirsiniz.*

# BİLİN BAKALIM - 10

Kapalı bir odada üç adet lamba var ve açma kapatma düğmeleri de dışarıda. Odaya sadece bir kez girip çıkma hakkınız var. Hangi lambayı hangi düğmenin kontrol ettiğini bulabilir misiniz?

*CEVAP: Lambanın birini yakarsınız. Diğerini de 10dk. sonra yakarsınız. Üçüncüyü yakmadan içeri girersiniz. Yanmayan lambanın düğmesi zaten bellidir. İçeride elle kontrol ettiğinizde sıcak olan lamba 10dk. önce yaktığınız, diğer yanan lamba ise ikinci yaktığınızdır.*

# BİLİN BAKALIM - 11

Adamın biri sıcak bir günde sinemada başını karısının omzuna dayayarak uyuya dalar. Rüyasında Fransızların kendisini yakaladığını, giyotine götürdüklerini, celladın ipi kestiğini ve giyotinin boynuna doğru geldiğini görür. O sırada yelpazesini sallayan karısı da elindeki yelpazeyi düşürür. Adam boğazına değen yelpazeyi giyotin sanarak korkudan ölür. Bu hikayede mantıksız olan nedir?

*CEVAP: Ölü bir insan rüyasını anlatamaz.*

# BİLİN BAKALIM - 12

İki kişi yolda karşılaşıyorlar. Bu iki kişiden küçük olan, büyüğün öz oğludur. Ancak büyük olan küçüğün babası değildir. Bu nasıl olur?

CEVAP: Annesidir de ondan.

# BİLİN BAKALIM - 13

Bir çocuk, beş elmanın ikisi hariç hepsini yerse, geriye kaç elma kalır?

*CEVAP: İkisi hariçse doğal olarak 'iki' tane kalır.*

# BİLİN BAKALIM - 14

Üç kedi, üç fareyi üç dakikada yakalarsa; dokuz kedi, dokuz fareyi kaç dakikada yakalar?

*CEVAP: 'Üç'. Çünkü her birine bir fare düşer.*

# BİLİN BAKALIM - 15

Adamın biri baltası ile ormana giderken derin bir çukura düşmüş. Üç gün, üç gece kaldığı çukurda ne yemiş?

*CEVAP: Bal yemiş (bal-tası).*

# BİLİN BAKALIM - 16

Çöldesiniz, elinizde sadece boş bir şişe var ve çok susadınız. Ne yaparsınız?

*CEVAP: Şişeyi kırarsınız, tuzla buz olur. Tuzunu atar, buzunu içersiniz.*

# BİLİN BAKALIM - 17

Bir odada papa ve ben varım. Odada kaç kişiyiz?

*CEVAP: Bir kişi. Çünkü ben, aynı zamanda papayım.*

# BİLİN BAKALIM - 18

Genç bir kız, annesinin cenaze töreninde kim olduğunu bilmediği genç bir adamla karsılaşıyor. Kız ilk görüşte adama aşık oluyor. Aradan günler geçiyor, genç kız adama bir daha rastlayamıyor. Günün birinde genç kız, kız kardeşini öldürüyor. Neden?

*CEVAP: Bir cenaze daha olup o adamı görebilmek için...*

# BİLİN BAKALIM - 19

Bir adam durakta bekliyor. Yanına iki adam geliyor. Gelenlerden biri saati, diğeri adını soruyor. Duraktaki adam bir sözcükle ikisine birden cevap veriyor. Nedir bu sözcük?

*CEVAP: Durmuş.*

# BİLİN BAKALIM - 20

Ne zaman 2 + 2 dörtten fazla eder?

*CEVAP: 2 ile 2 yan yana olduğu zaman.*

# ZEKA SORULARI

*Soruların cevapları sayfa 199'dadır.*

# ZEKA SORULARI - 1

6 adet kibrit çöpü ile 4 adet 'eşkenar üçgeni' nasıl elde edebiliriz?

# ZEKA SORULARI - 2

3 + 3 + 3 = 366 işleminde bir işareti değiştirerek eşitliği nasıl sağlayabiliriz?

# ZEKA SORULARI - 3

2 - 8 - 18 - 32 - 50 - ?
Soru işareti yerine hangi sayı gelmelidir?

# ZEKA SORULARI - 4

Aşağıdaki kümede görünmeyenlerle
beraber
kaç tane top var?

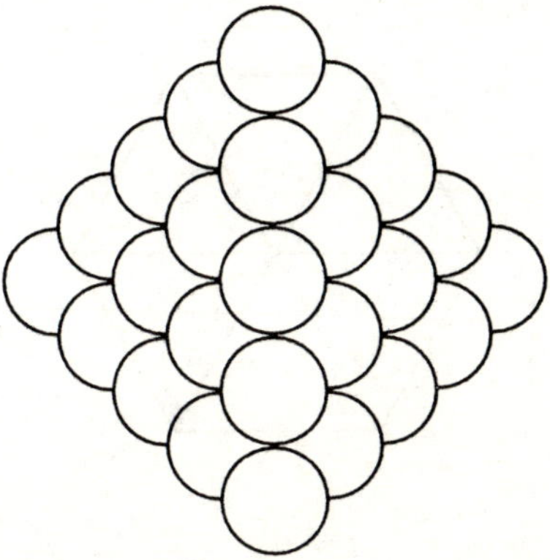

# ZEKA SORULARI - 5

Aşağıdaki şekil, hangi "üç boyutlu" cismin izdüşümüdür?

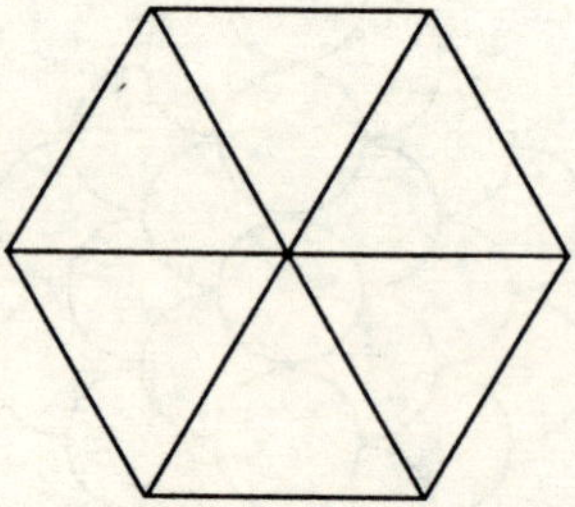

# ZEKA SORULARI - 6

Aşağıdaki tabloda 8 adet yuvarlak var. Tablo dışına çıkmadan, yalnız "iki" yuvarlağın yerini değiştirin ki; her satır, sütun ve çaprazda eşit sayıda yuvarlak olsun.

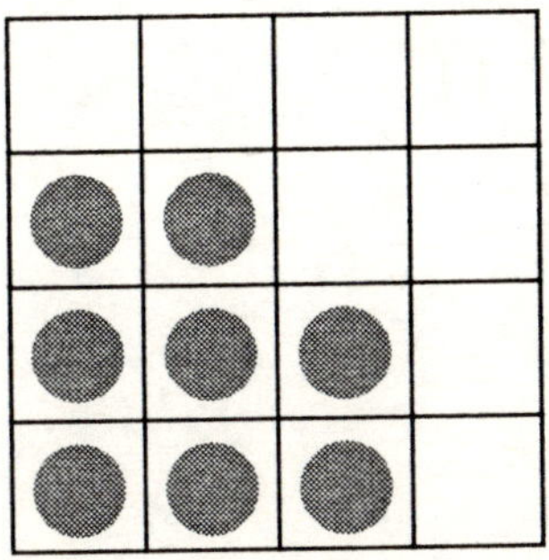

# ZEKA SORULARI - 7

Şekildeki saat kadranını iki çizgi ile üç parçaya ayırın ve her parçada kalan rakamların toplamı "23" olsun. (Çizgilerin 'doğru' olması şart değil.)

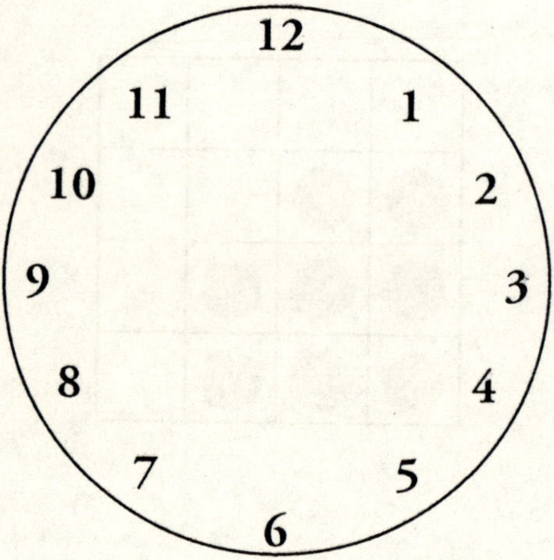

# ZEKA SORULARI - 8

Aşağıdaki şekilde eşit boyda iki bozuk para görülüyor. Sağdaki para sabit kalmak üzere soldaki parayı, sağdakinin çevresinde bir tur döndürüyoruz ve başladığı noktaya getiriyoruz. Soldaki para, başladığı noktaya gelene kadar kendi etrafında kaç tur döner?

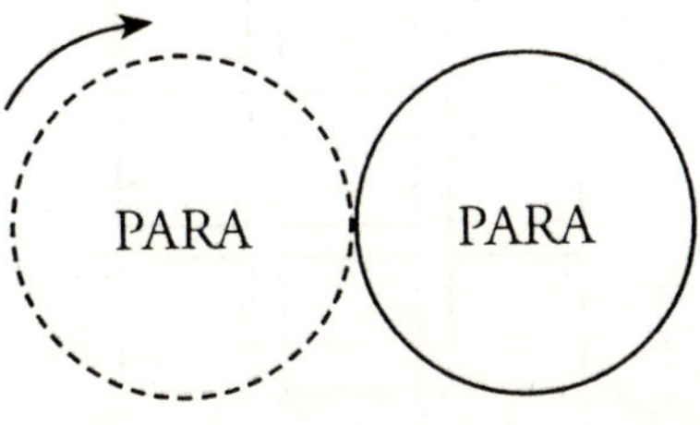

# ZEKA SORULARI - 9

1, 2, 3, 4, 5, 6, 7, 8, 9 sayılarını aşağıdaki tabloya öyle yerleştirin ki; birbirini yatay, dikey ve çapraz takip eden üç karenin toplamı 15 olsun.

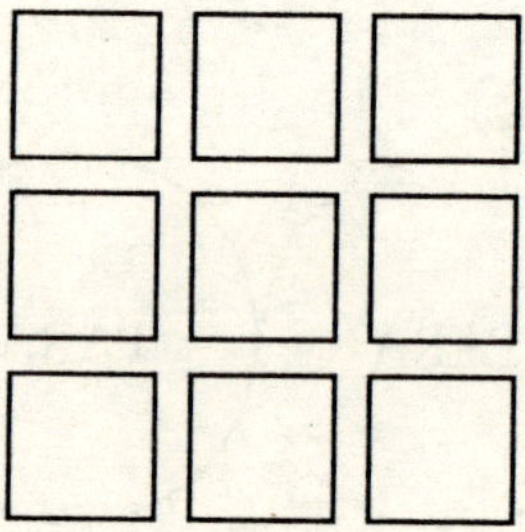

# ZEKA SORULARI - 10

9 noktayı 4 doğru ile elinizi hiç kaldırmadan birleştirebilir misiniz?

# ZEKA SORULARI - 11

16 noktayı 6 doğru ile elinizi hiç kaldırmadan birleştirebilir misiniz?

## ZEKA SORULARI - 12

CA, UB, AR, İS, AY, ?, EM
Soru işaretinin yerine ne gelmesi gerekir?

## ZEKA SORULARI - 13

Pİ, SI, ÇA, PE, CA, ?, PR
Soru işaretinin yerine ne gelmesi gerekir?

## ZEKA SORULARI - 14

BİR, ÜÇ, BEŞ, SEKİZ, ONÜÇ, ?
Soru işaretinin yerine ne gelmelidir?

## ZEKA SORULARI - 15

Bazı aylar 30, bazıları 31 çeker; kaç ayda 28 gün vardır?

# SUDOKU

*Soldan sağa ve yukarıdan aşağıya dokuz kareden oluşan tablo, kendi içinde de dokuzar karelik bölümlere ayrılmıştır. Bu karelere 1'den 9'a kadar olan rakamları yerleştireceksiniz. Her bir rakam, her bir satırda, sütunda ve 3*3=9 kareden oluşan bloklarda sadece bir kez kullanılabilir. Bulmacayı tamamlamak için tabloyu öyle bir şekilde doldurmalısınız ki dokuz kareden oluşan her satır, her sütun ve her blok 1'den 9'a kadar bütün rakamları içersin, hiçbir rakam tekrarlanmasın ve eksik kalmasın. Bazı rakamlar bulmacaya zaten yerleştirilmiş durumdadır.*

| | | | | | | | | |
|---|---|---|---|---|---|---|---|---|
| | | | | | | | 1 | 6 |
| | | | 5 | | | | 4 | |
| 3 | | | | 7 | | | | |
| 9 | | | | | | 2 | | |
| | | | 4 | | 8 | | | |
| 7 | | | 6 | | | | | |
| | | | | 2 | 3 | 7 | | |
| | 4 | | | | | | | |
| | 1 | | | | | | | |

# YANILTMACALAR
# (TEKERLEMELER)

Çatalca'da topal çoban, yapar satar çatal sapan. Nasıl yapar çatal sapan, Çatalca'da topal çoban.

Çatal dağda topal çoban, yapar satar çatal sapan. Sen de Çatal dağdaki çatal yapan topal çoban gibi, yapar satar mısın çatal çatal sapan?

Paşa tası ile beş has tas kayısı hoşafı.

Üç tunç tas, saf has kayısı hoşafı.

İbiş ile Memiş mahkemeye gitmiş. Mahkemeleşmiş mi, mahkemeleşmemiş mi?

Şu odayı badanalamalı mı, badanalamamalı mı?

Bu duvarı badanalamalı mı, badanalamamalı mı?

Şiş şişeyi şişlemiş. Şişe keşişe kiş demiş.

Bir berber bir berbere bir derede: "Bre berber, beri beri gel berber" demiş.

Bir berber bir berbere: "Bre berber, gel beraber bir berber dükkanı açalım" demiş.

Bizde bize biz derler, sizde bize ne derler.

Al bu takatukaları, takatukacıya takatukalatmaya götür. Takatukacı, takatukaları takatukalamam derse, takatukaları takatukalatmadan al da gel.

Kırk küp, kırkı da kulpu kırık küp.

Kırk kırık küp, kırkının da kulpu kırık kara küp.

Çarık, çorap, dolak. Ben sana çarık, çorap, dolak mı dedim?

Sarmısağı saklasak da mı yesek, saklamasak da mı yesek?

Bu yoğurdu sarmısaklasak da mı saklasak, sarmısaklamasak da mı saklasak?

Değirmene girdi köpek, değirmenci vurdu kötek. Hem kepek yedi köpek, hem kötek yedi köpek.

Şu karşıda bir kuru dal, dala konmuş kırk kartal. Kartal kalkar, dal sarkar. Dal sarkar, kartal kalkar.

Şu karşıda beş eşek, beşi de boz beş eşek. Biri yüklü dişi boz eşek, dördü yüksüz erkek boz eşek. Hepsi eder beş boz eşek.

Siz ateş kıvılcımlatanlardan mısınız? Kapı gıcırdatanlardan mısınız?

A be kuru dayı, bu sarı darı, ne kuru darı, a be kuru dayı.

Bu yoğurdu mayalamalı da mı saklamalı, mayalamamalı da mı saklamalı?

Dört deryanın deresini, dört tezgâhın derbendine devrederlerse, dört deryadan dört dert, dört tezgâhtan dört dev çıkar.

Eller dana almış danalanmış. Biz de dana alıp danalanalım mı?

Elâlem bir ala dana aldı ala danalandı da, biz bir ala dana alıp ala danalanamadık.

Eller tere terelenmiş, biz de tere alalım da terelenelim.

Götür küpü, dök küpü. Getir küpü, dök küpü.

Eller bazlama aldı bazlamalandı da, biz bazlamalanamadık.

Herkes bazlama yapıp bazlamalandı da, biz bazlama yapıp bazlamalanamadık.

Herkes lahana alıp lahanalanmış. Biz de lahana alıp lahanalalım mı?

Pireli peyniri, perhizli pireler tepelerse, pireli peynirler de, pır pır pervaz ederler.

Şu karşıda kuru kavak. Takırdadın da mı kurudun? Takırdamadın da mı kurudun? Dibi kovuk, kabuğu kalın, dibi eğri, doğru kavak.

Şu tespihi imamelemeli mi, yoksa imamelememeli mi?

Şu yamayı şu köseleye yamalamalı mı, yoksa yamalamamalı mı?

Gül dibi gibi, bülbül dili gibi. Gül dibi bülbül dili.

Yamaçta bir horoz kuyruğunu kıvraşmışlandırmış ama, amma da kıvraşmışlandırmış.

Dal kalkar, kantar tartar.

Anam bağda, öküz dağda. At harmanda, inek damda.

"İ" dili ile söylenişi:

İnim biğdi, ikiz diğdi. İt hirmindi, inik dimdi.

"O" dili ile söylenişi:

Onom boğdo, okoz doğdo. Ot hormondo, onok domdo.

Annemin çorbası çok, atın arpası çok, herkesin karnı tok, bizde hiç yok yok.

Ne cezveyi köpürdetebildim, ne kahveyi höpürdetebildim.

Sizin bacaya konmuş allı ballı kabaklı baykuşa, bizim bacaya konmuş allı ballı kabaklı baykuş demiş ki: "Nasılsın allı ballı kabaklı bay kuş?"

# İLGİNÇ, KISA ÖYKÜLER

## Fatih Sultan Mehmet

Bilindiği gibi Fatih, genç yaşta padişah olmuştur. Yaşı gençtir ama zekası ve inançları çok kuvvetlidir. Yeni sultan olduğu yıllardır. Bir gün bir sefere gidilecekken ordunun başında babasının olmasını ister. Ancak babası bu teklifi kabul etmez. Fatih'in maksadı babasının ilminden ve tecrübesinden yararlanmaktır. Babasına; "Eğer sen padişahsan geç ordunun başına. Yok eğer ben padişahsam emrediyorum ordunun başına geçeceksin!" der.
Babası Sultan Murat, başka çare bulamaz ve orduya komutanlık yapar.

## Bir Derviş

Garip dervişin biri büyük bir köşkün önünden geçerken evin av meraklısı, zalim beyi, yardımcıları ile ava gitmek için evden çıkıyorlardır. Dervişle selamlaşırlar. Aksilik bu ya o gün hiç bir şey vuramadan dönerler. Bey çok sinirlidir:
- Sabah ava giderken karşılaştığımız o dervişi bulun çabuk! Onun yüzünden işlerim ters gitti. Uğursuzu getirin bana!
Yardımcıları hemen dervişi bulup beyin huzuruna çıkarırlar. Bey kükrer:
- Bre uğursuz adam! Senin yüzünden elimiz boş geldik! Hiçbir şey vuramadık! Tez vurun kellesini!
Derviş, beye şöyle der:
- Beyim sabah selamlaştık. Siz hiçbir şey vuramadınız. Ben ise kellemi kaybediyorum. Siz söyleyin, hangimiz daha uğursuzuz?

## Kanuni Sultan Süleyman

Kanuni, şehzadelerini muhteşem bir törenle sünnet ettirir. Kısa bir süre sonra da veziri İbrahim Paşa'nın oğlu sünnet olur. Törene Kanuni de davetlidir. Bir ara Kanuni, vezirine der ki:

- Söyle bakalım İbrahim Paşa. Senin tören mi daha muhteşem, benimki mi?
- Elbette benimki sultanım.

Kanuni şaşırır. Sebebini sorar. Vezir:

- Benim oğlanın düğününe koskoca cihan padişahı davetliydi ve geldi. Sizinkinde böyle bir davetli var mıydı? der.

## Kaşıkçı Elması

1699 yılında İstanbul'da Eğrikapı çöplüğünde dolaşan yoksul bir adam yuvarlak taş bulur. Bir kaşıkçıya giderek üç tahta kaşığa değişir. Kaşıkçı götürür, bu taşı bir kuyumcuya 10 akçeye satar. Kuyumcu, taşı arkadaşlarından birine gösterir; kıymetli bir elmas olduğu anlaşılınca arkadaşı sus payı ister. Aralarında kavga çıkar. Mesele Kuyumcubaşıya akseder. Kuyumcubaşı kavgacıların eline birer kese akçe vererek taşı alır. Fakat bu sefer de olayı Sadrazam Köprülüzade Fazıl Ahmet Paşa duyar, taşı kendisi için satın almaya hazırlanırken, mesele padişaha akseder. IV. Mehmet elması saraya getirtir ve taş saray elmastıraşına verilir. Eğrikapı çöplüğünde bulunan taş işlenince meydana 48 kıratlık nadide bir elmas çıkar. Kuyumcubaşıya Kapıcıbaşılık rütbesiyle bir kese bahşiş verilir.

# FIKRALAR

**KAHRAMAN**

Komutan teftiş sırasında bir askere sorar:

- Oğlum nerelisin?
- Maraşlıyım komutanım!

Komutan askere bir tokat patlatır ve tekrar sorar:

- Oğlum nerelisin?
- Maraşlıyım komutanım!

Komutan askere bir tokat daha patlatır ve tekrar sorar:

- Oğlum bak iyi düşün! Nerelisin?
- KAHRAMANMARAŞLIYIM komutanım!

Komutan:

- Aferin işte böyle! diyerek Temel'e döner:
- Oğlum sen nerelisin?
- Kahraman Trabzonluyum komutanım!

## JİP

İki acemi er, paraşüt eğitimlerini tamamladıktan sonra ilk atlayışları için havalanırlar. Makul seviyeye geldiklerinde komutanları son kontrolleri yapıp:

- Atladıktan bir süre sonra paraşütün sağ tarafındaki ipi çekin, paraşütleriniz açılacaktır. Şayet açılmazsa hiç telaşa kapılmayın, sol tarafta yedek bir ip var onu çekin, sorun kalmaz. İndiğinizde sizi bir jip bekliyor olacak; bu jip sizi karargaha geri götürecek.

Askerler korkarak da olsa atlamışlar. Heyecanla sağ taraftaki iplerine asılmışlar... Tık yok. Biraz da korkuyla sol taraftaki iplere asılmışlar, paraşütler yine açılmamış...

Çok sinirlenen asker:

- Bu komutanın hiçbir dediği çıkmıyor; dur bakalım, aşağıda jip de yoksa o zaman görüşürüz onla!

## KERESTE UZMANI

Askerin biri bir bakışta herkesin boyunun ölçüsünü tam olarak doğru söylüyormuş ve arkadaşları buna çok şaşırıyorlarmış. Bir gün bunu komutana da götürmüşler ve olan biteni anlatmışlar. Komutan inanmamış; "Söyle bakalım benim boyumun ölçüsü kaç?" demiş. Asker aşağıdan yukarıya komutanı süzmüş ve "1.75 efendim" demiş. Komutan; "Doğru... Hayret, nasıl bildin?" diye sormuş. Asker; "Bilirim tabii efendim, ben kereste uzmanıyım..."

## SENDEN HIZLI KOŞSAM YETER

Bir Amerikalı ile Japon safariye çıkmışlar. Her ikisi de birbirlerine gösteriş yapmak için, son teknolojik silahları da yanlarına almışlar. Derken uzakta bir aslan görünmüş. Amerikalı lazer tüfeğini doğrultmuş ve aslana ateş etmiş. Ama karavana. Hemen Japon uydudan yönlendirmeli tüfeğini doğrultup ateş etmiş. Fakat o da karavana. Aslan bizimkileri fark edince üzerlerine doğru gelmeye başlamış. Amerikalı bir yudum viski içip acı sonu beklemeye başlamış. Japon hemen botlarını çıkarıp spor ayakkabılarını giymeye başlamış. Amerikalı sormuş:

-Ne o, aslandan hızlı mı koşacaksın?

Japon:

-Yoo, senden hızlı koşsam yeter.

## DELİKLER

Dört kişilik avcı grubu, tecrübeli avcı Temel'in önderliğinde ormanda ilerlemektedirler. Karşılarına küçük bir delik çıkar. Temel; "Yatın yere, tavşan deliği!" Bütün avcılar yere yatarlar. Gerçekten bir müddet sonra delikten tavşan çıkar. Avcılar hemen vururlar. Tekrar yürümeye başlarlar. Bir süre sonra büyükçe bir delik çıkar karşılarına. Temel; "Yatın yere, tilki deliği!" Yatarlar. Biraz sonra tilki çıkar. Onu da vururlar. Tekrar yola düşerler. Bu defa daha büyük bir delik çıkar. Temel; "Yatın yere, ayı ini!" Yere yatarlar ve çıkan ayıyı vururlar. İyice keyiflenen avcılar yürümeye devam ederler. Kısa bir zaman sonra kocaman bir deliğin başında dururlar. Acemiler hep birden Temel'e bakar. Temel; "Uşaklar ne çıkacağını bilmiyorum. Ama yatın yere, ne çıkarsa bahtımıza!"
Ertesi gün gazetelerde şöyle bir haber; "Dört avcı tren altında can verdi..."

## BİR ASLAN İÇİN

Avcının biri palavra sıkıyormuş... "Geçen yaz Afrika'da 99 aslan vurdum..." Arkadaşı dayanamamış; "100 de şuna bari" demiş. Avcı da; "Bir aslan için yalan mı söyleyeceğim sana" demiş.

## ARMUTLARI TOPLUYORUM

Bir gün tımarhane görevlilerinden biri bahçede gezerken iki deli görmüş. Bakmış ki delinin biri ağacın üstünde; biri ise ağacın altında. İkisi de bir şeyler yapıyormuş.

Aşağıdakine sormuş:

- Yukarıdaki ne yapıyor?
- Şu yukarıdaki mi? Sen buna bakma, salak işte. Ceviz ağacından armut toplamaya çalışıyor.
- Peki ya sen burada ne yapıyorsun?
- Ben de düşen armutları topluyorum.

## KURUSUN

Doktorlar, tımarhanede yaptıkları araştırmada en akıllı deliyi seçeceklermiş. Bir gün delilerden biri bahçede bulunan havuza düşmüş ve boğulmak üzereymiş. Başka bir deli havuza düşen arkadaşını kurtarmaya çalışmış. Bunu gören doktorlar arkadaşını kurtaran deliyi yanlarına çağırmışlar ve; "Seni en akıllı seçiyoruz" demişler.

Doktorlardan biri:

- Peki, kurtardığın arkadaşını çağır da sana teşekkür etsin" demiş.

Deli:

- Gelemez ki!

Doktor:

- Neden gelemezmiş?

Deli:

- Çünkü kuruması için onu astım!

## BEKLİYORUM

İki deli oturuyormuş, birisi aniden ayağa kalkmış ve yürümeye başlamış.

Oturan deli sormuş:

- Nereye?
- Seni aramaya...
- İyi... Çabuk gel, ben seni burada bekliyorum...

## ÖNCE KAÇANLAR

Akıl hastanesinden iki deliyi salıvereceklermiş. Doktorlar kendi aralarında; "Şunlara son bir test yapalım da görelim akılları başlarına gelmiş mi?" demişler. Bunun üzerine iki deliyi bir masa başına çağırmışlar. Masanın üzerine bir kavanoz dolusu siyah zeytin, bir kavanoz dolusu da canlı hamamböceği dökmüşler ve:

- Buyurun beyler, yiyiniz, demişler.

Delilerden bir tanesi hemen zeytinlere saldırmış, öteki araya girmiş:

- Önce kaçanları yiyelim, öbürleri nasıl olsa duruyor!

## NE BİLEYİM

Akıl hastanesinde koğuşları gezen başhekim, bir delinin oturmuş bir şeyler yazdığını görür:

- Kolay gelsin ne yazıyorsun?
- Mektup yazıyorum efendim.
- Yaaa... Kime yazıyorsun?
- Kendime...
- Peki ne yazılı mektupta?
- İlahi doktor bey, deli misiniz siz... Mektubu daha almadım ki içinde ne yazdığını bileyim?

## PROVA

İki deli bir gün deliler hastanesinden kaçmışlar. Kimse bu delileri bulamamış. Doktorlar ümitlerini kestikleri an deliler çıkagelmiş. Doktorlar hayretle; "Niye geldiniz?" demişler... Deliler:

- Yarın kaçacağız da, onun provasını yaptık.

## KARIŞTIRMADIN

İki deli havuzun başında oturuyorlarmış. Biri kalkıp havuza şeker atmış. Havuzdan bir yudum almış ve tükürmüş. Arkadaşına:

- Havuza şeker attım ama tatlı olmadı... demiş.

Arkadaşı:

- Karıştırmadın ki!

## HATIRLAMIYORUM

Deliler hastanesinde bir deli arkadaşına peygamber olduğunu söyler, arkadaşı da ona inanmaz. "Oğlum" der, "Kafayı yedik de bu kadar da değil." Bu deli de başka bir arkadaşının yanına gider ve der ki; "Hasan, peygamber olduğunu iddia ediyor." Bunun üzerine diğer arkadaşı; "Yalan, çünkü ben öyle bir peygamber gönderdiğimi hatırlamıyorum."

**KURDUN MU?**

Deli, saatini hastane bahçesindeki havuza atmıştı. Bunu gören arkadaşı:

- Niye attın saati havuza, demiş.
- Nasıl yüzdüğünü görmek için...
- Peki, kurdun mu?
- Hayır.
- Enayi, kurmadan yüzer mi?

**ASANSÖR**

Kadın doktora gitmiş ve:

- Doktor Bey, kocam kendini asansör sanıyor, demiş.

- Peki hanımefendi eşiniz niye gelmedi sizinle?

- Getireceğim ama bir türlü bu katta durmuyor ki...

**FIKRA**

Başhekim bir gün deliler hastanesinde hastaları ziyarete çıkar ve bir köşede delilerin kendi aralarında bir rakam söyledikten sonra güldüklerini görür ve:

- Neden söylediğiniz her rakamdan sonra gülüyorsunuz? diye sorar.

Delinin biri cevap verir:

- Biz, der, bütün bildiğimiz fıkralara numara verdik... 5 dediğimiz zaman, 5 numaralı fıkra aklımıza geliyor gülüyoruz; 8 deyince, 8 numaralı fıkra aklımıza geliyor, gülüyoruz, demiş. Başhekim:

- Bir de ben söyleyeyim o zaman, demiş.

"5", demiş çıt yok, "7" demiş çıt yok... Bakmış çıt yok, sormuş:

- Ben söyleyince neden gülmüyorsunuz?

Delinin biri cevap vermiş:

- Başhekimim anlatmadan anlatmaya fark var...

## KEDİ

Akıl hastanesinden kaçan iki deli, karşıdan gelen bekçiyi görünce iri gövdeli bir çınarın arkasına saklandılar. Bekçi, onların ayak seslerini işitmişti. Sordu:

- Kim o?

İçlerinden biri kedi gibi miyavladı. Bu başarılı miyavlamadan sonra bekçi yürüyüp gidiyordu ki, delilerin ayakları altındaki yapraklar hışırdadı. Bekçi geri dönüp yine seslendi:

- Kim var orada?

İkinci deli cevap verdi:

- Bir kedi daha.

## ÖKSÜREMİYORUM

Adamın biri çok kuvvetli öksürüyormuş, doktora gitmiş derdini anlatmış. Doktor da adama yanlışlıkla öksürük ilacı yerine müshil ilacı vermiş ve demiş ki:

- Bir hafta boyunca yemeklerden sonra iç ve yanıma gel.

Adam bir hafta sonra gelince doktor:

- Öksürüğün nasıl oldu?, deyince, adam da:

- Cesaret edip de öksüremiyorum ki!

## SOBADAKİ HİKMET

Fizikçi, matematikçi, kimyacı, jeolog ve antropologdan oluşan bir heyet bir araştırma için arazide bulunmaktadır. Birden yağmur bastırır. Hemen yakındaki bir arazi evine sığınırlar. Ev sahibi bunlara bir şeyler ikram etmek için biraz ayrılır. Hepsinin dikkati soba üzerinde toplanır. Soba yerden 1m. kadar yukarda, altındaki dizili taşların üzerindedir. Sobanın niçin böyle kurulmuş olabileceğine dair bir tartışma başlar.

Kimyacı:

- Adam sobayı yükselterek aktivasyon enerjisini düşürmüş, böylece daha kolay yakmayı amaçlamış.

Fizikçi:

- Adam sobayı yükselterek konveksiyon yoluyla odanın daha kısa sürede ısınmasını sağlamak istemiş.

Jeolog:

- Burası tektonik hareketlilik bölgesi olduğundan, herhangi bir deprem anında sobanın taşların üzerine yıkılmasını sağlayarak yangın olasılığını azaltmayı amaçlamış.

Matematikçi:

- Sobayı odanın geometrik merkezine kurmuş, böylece de odanın düzgün bir şekilde ısınmasını sağlamış.

Antropolog:

- Adam ilkel topluluklarda görülen ateşe tapmanın daha hafif biçimi olan ateşe saygı nedeniyle sobayı yukarıya kurmuş.

Bu sırada ev sahibi içeri girer ve ona sobanın yukarda olmasının nedenini sorarlar.

Adam cevap verir:

- Boru yetmedi.

## CÜZDAN

Biri içinde 1 milyar bulunan cüzdanını kaybetmiş. Kaybettiği yerdekilere cüzdanını getirene 100 milyon vereceğini söylemiş. Daha sonra kalabalıktan bir ses daha duyulmuş:

- O cüzdanı bulup bana getirene 250 milyon vereceğim!

## ADOLF

20. yüzyılın ilk yarısında yoksul bir adam falcıya gider. Falcı kadın fanusta korkunç geleceği görür:

- Eyvah! Gelecekte milyonlarca insanın ölümüne sebep olacaksın!

Adam kahrolur:

- Milyonların katili olmaktansa kendimi öldürürüm, daha iyi! deyip tren yoluna koşar.

Raya kafasını dayayacak, istikbaldeki korkunç felaketin önüne geçecektir! Ama o da ne?.. Raya kafasını dayamış bir küçük çocuk... Tren de 100 metre ötede ve hızla geliyor... Hemen fırlayıp çocuğu rayın üstünden çeker... Ufaklığı yatıştırmak için başını okşarken sorar:

- Adın ne senin, söyle bakalım?

- Adolf efendim... Adolf Hitler.

## İYİLİK

Cennetin kapısında görevli melek yeni vefat etmiş adama:

- Üzgünüm ama seni içeri alabilmem için bana hayattayken yaptığın iyi bir şeyi anlatmalısın. Adam biraz düşünmüş ve:

- Bir grup serserinin yaşlı bir kadının çantasını almak istediklerini gördüm. Ben de kadını kurtarmak için yanlarına gittim. Başlarındaki çocuğun motorunu devirip, çocuğun yüzüne tükürdüm. Yanındakilere de yaptıklarının ne kadar yanlış olduğunu söyledim.

- Ya! Bu ne zaman olmuştu?

- Yaklaşık üç dakika önce...

**SADIK MIDIR?**

Bir adam diğerine sorar:

- Köpeğinizi satın almak istiyorum ama sadık mıdır?

- Hem de fazlasıyla sadık. Size bu konuda yüzde 100 garanti verebilirim.

- Nasıl bu kadar emin olabilirsiniz?

- Şimdiye kadar beş kere sattım. Her seferinde de geri geldi.

## BABAMI HAZIRLA

Ankara'da bir fakültede okuyan Ali, işi dalgacılığa vurur. Dersin dışında her konuyla ilgilidir. Yıl sonu yaklaşırken kötüye giden dersleri düzeltemeyeceğini görür. Atılacağı kesin gibidir. Annesine telgraf çeker; "Anneciğim atılacak gibiyim, babamı hazırla." Ertesi gün cevap gelir; "Baban zaten hazır oğlum... Sen kendini hazırla."

## HESAP

Cebinde meteliği olmayan bir adam, bir lokantanın önünde durdu, gözü vitrinde bir levhaya takıldı; "Girin ve istediğinizi yiyin. Hesabınızı torununuz ödesin." Adam, "Tam bana göre" diye mırıldanarak içeri daldı. Havyar, ıstakoz, karides, kuzu pirzolası... Doyduğu halde ne varsa söyledi. Yemeği bitince, çıkmak üzere hazırlandı. Fakat garson yetişip, hesap pusulasını burnuna dayamasın mı? Hem de tuzlu bir hesap... "Ama", diye derhal itiraz etti bizimki tabii. "Kapıda hesabınızı torununuz ödesin diye yazmıyor mu?" Garson gayet nazik cevap verdi: "Yazıyor tabii efendim. Ama bu size takdim ettiğim hesap, sizin büyükbabanızın."

## ORMANLAR KRALI

Bir gün aslanın birinin canı çok sıkılmış; "Şöyle bir ormanı gezeyim, halkımla eğleneyim biraz" demiş. Ormanda gezerken bir devekuşu görmüş. Yakalamış devekuşunu boynundan; öteki pençesiyle de, "Şak, Şak, Şak" diye üç tokat atmış hayvana. "Söyle bakalım!" demiş; "Kim bu ormanın kralı?" Devekuşu ürkekçe; "Sensin aslan abi" demiş. "Tabii benim" demiş aslan ve; "Şak, Şak, Şak" diye üç tokat daha atıp fırlatmış hayvanı. Derken aslanın karşısına bir kurt çıkmış. Tutmuş kurdu boynundan; "Şak, Şak, Şak" diye atmış tokadı. "Söyle" demiş; "Kim bu ormanın kralı" Kurt da ürkek; "Sensin aslan abi" demiş. Aslan da, "Tabii benim" demiş; "Şak, Şak, Şak" diye üç tokat daha atmış, fırlatmış bir kenara. Derken bu defa aslanın karşısına bir fil çıkmış, tam korkarak kenardan sıyrılacağı sırada kurtla devekuşu gelip; "Sen bu ormanın kralı değil misin aslan abi? Koş yakala şu hayvanı" demişler. Bu gazı yiyen aslan koşmuş tutmuş fili, "Şak, Şak, Şak" diye patlatmış tokadı ve hemen sormuş; "Söyle bakalım, kim bu ormanın kralı?" Filin kafası bir atmış, tutmuş hortumuyla aslanı, "Pat, Pat, Pat" diye üç kere yere çarptırıp fırlatmış atmış. Aslan yerden zorlukla kalkıp elleriyle üstünü silkerken, file dönmüş ve şöyle demiş; "Bilmiyorsan bilmiyorum de kardeşim..."

## SEN İÇMEYECEK MİSİN?

Bir kadınla bir adam ayrı ayrı arabalarında giderlerken çarpışırlar. İkisinin de arabası mahvolur ama şans eseri ikisi de hiç yara almadan kurtulur. Arabalarından sürünerek çıkarlar ve kadın adama bakıp:

- Çok ilginç! Sen erkeksin ben de kadın. Arabalarımız mahvoldu ama ikimize de hiçbir şey olmadı. Bu belki de tanışıp, dost olup, hayatımızın sonuna kadar huzur içinde birlikte yaşamamız için bir işarettir? der.

Müthiş heyecanlanan adam:

- Evet, galiba haklısın, diye cevap verir.

- Bak, arabam hurdaya döndü ama bir şişe şarap sapasağlam. Bu kesin bir işaret. Bu şarabı içip şansımızı kutlamalıyız, diye devam eden kadın, şarap şişesini adama uzatır.

Adam şişeyi alır, açar ve yarısını içip kadına verir. Kadın hemen şişenin mantarını kapatıp adama geri uzatır. Bunun üstüne adam sorar:

- Sen içmeyecek misin?

Kadın cevap verir:

- Hayır, ben polisi bekleyeceğim!

## KARDEŞ

Adam bürosuna gelir gelmez sekreterine kendisini arayan olup olmadığını sormuş. Sekreter bir beyin geldiğini ancak adını söylemediğini belirtmiş. Adam; "O sersem kardeşim olmalı" diye söylenince sekreter; "Olabilir efendim. Çünkü size çok benziyordu..."

**TOPAL**

Adamın biri bir gün meyhaneden çıkmış, tabii kafası da iyi. Yolda bir ayağı kaldırımda, bir ayağı da yolda yürüyormuş. Adamın biri bunu görüp yanına yaklaşmış. Ve de merakını gizleyemeden sormuş:

- Ya! Hemşehrim, niye bir ayağın asfaltta bir ayağın kaldırım da yürüyorsun? Bir yerde yürüsene? demiş.

Adam da ona:

- Allah razı olsun hemşehrim sana. Ben de acaba ne zaman topal oldum diye düşünüyordum.

**PARA NEREDE?**

Mafya babası haraçlarını toplaması için yeni bir tetikçi buldu. Seçtiği adam sağır ve dilsizdi. Çünkü baba, "Bu tetikçi yakalanırsa polise fazla bir şey anlatması mümkün olamaz" diye düşünüyordu... Baba, bir gün ödemelerin geciktiğini fark etti ve tetikçiyi odasına aldırttı, bir de işaret dilini bilen tercüman buldular. Tercüman işaretle sordu; "Para nerede?" Sağır dilsiz işaretle yanıt verdi; "Ne parası? Benim paradan maradan haberim yok. Neden bahsettiğinizi anlamıyorum." Tercüman tercüme etti; "Neden bahsettiğinizi anlamıyormuş..." Baba 38'liği koltuk altından çekip, sağır dilsizin beynine dayadı; "Şimdi sor bakalım, para nerede?" Tercüman işaretle sordu; "Para nerede?" Sağır dilsiz kan ter içinde işaretle yanıt verdi; "Şehir merkezindeki parkta, büyük heykelin olduğu kapıdan girince soldan üçüncü ağacın kovuğunda yüz bin dolar var." Baba öfkeyle gürledi; "Ne dedi?" Tercüman yanıtladı; "Dedi ki, hala neden bahsettiğinizi anlamıyormuş, ayrıca o tetiği çekmek de biraz sıkarmış..."

## SANA YOK

O gün barda her şey sakindi, piyanist beylik parçalarından birini çalarken millet masalarda pokerin tadını çıkartıyor, bir yandan da viskilerini yudumluyordu. Derken, içeriye bir adam geldi ve bara yaklaşıp:

- Hey barmen, herkese benden bir viski, sen de iç bir tane.

Barmen bardakları parlattığı kirli bezini bırakıp bu yağlı müşterinin isteğini memnuniyetle yerine getirdi, bir bardak da kendi içti. Bu iş bir kaç tur gerçekleştikten sonra barmen artık parayı isteyince adam:

- Ne parası barmen, sen verdin biz içtik, dedi.

Bunun üzerine barmen adamı bir güzel patakladıktan sonra kapı dışarı etti. Ertesi gün aynı adam gene aynı bara geldi ve:

- Hey barmen, herkese benden bir viski, ama sana yok, sen içince sapıtıyorsun."

## ŞAKA

Biri normal konuşan, diğeri kekeme olan iki arkadaş, bir dağa tırmanıyorlarmış. Tırmanış sırasında kekeme olan sürekli bir şeyler söylemeye çalışmış ama diğeri hep; "Yukarıda söylersin" diye geçiştirmiş. Yukarıya çıktıklarında kekeme güç bela konuşmuş; "Mmmm... mallll... malllzzemeee... mallzzemeeleerri... aşş... aşşaaddaa... unutt... unutttukk..." Başlamışlar aşağı inmeye. Kekeme yine bir şeyler söylemeye çalışıyormuş ama diğeri yine; "Aşağıda söylersin" diyormuş. Aşağı inmişler, kekeme yine konuşmuş; "Aaa... abbbbii... Şşşaaa... şşşaakaa... yaappp... tımmmm..."

## SECDEYE KAPANIRSA

Bir gün Nasreddin Hoca, yol üstü bir hana inmiş. Han Nuh devrinden kalma bir yer... Her tarafı delik deşik, adeta çökmeye ramak kalmış. Hoca'nın yüreğine bir korkudur düşmüş ama, ne desin? Nihayet bir söz arasında:

- Yahu, bu senin tavan da ne kadar gıcırdıyor, beşik mübarek! diyecek olmuş ama, hancı baba hiç oralı olmamış; sözü şakaya boğarak:

- Ağzını hayra aç Hoca, bu gıcırtı beşik gıcırtısı değil; tavan tahtaları Hakk'a tespih çekiyor! demiş.

Hoca bu lafın altında kalır mı? Gözlerini hancının gözüne dikerek:

- Peki ama, demiş; ya bu tavan böyle tespih çeke çeke aşka gelip de secdeye kapanırsa, bizim halimiz nice olacak?

## BİZE DE UĞRADI

Nasreddin Hoca'ya dert yanıyorlar:

- Yahu Hoca senin karın çok geziyor.

Hoca:

- Olur mu canım? O kadar gezse, arada bir bizim eve de uğrardı.

## HZ. İSA

Nasreddin Hoca, bir köyde vaaz veriyormuş. Laf arasında Hazreti İsa'nın göğün dördüncü katında olduğunu söylemiş. Vaazdan sonra, bir kadın Hoca'ya yanaşmış:

- Hazreti İsa, orada ne yer, ne içer? demiş.

Hoca'nın tepesi atmış:

- Ey hatun, köyünüze geleli şunca zaman oldu, benim ne yiyip, içtiğimi sormazsın da, Allah'ın peygamberini sorarsın!

## HELVA

Bir gün Nasreddin Hoca eve doğru yürüyormuş, bir arkadaşı arkadan seslenmiş:

- Aman Hoca gördün mü, biraz önce geçen helva kazanı ağzına kadar doluydu.

Hoca istifini bozmadan:

- Bana ne, demiş.

Arkadaşı:

- Ama hoca helva kazanı sizin eve gidiyordu, buna ne dersin? demiş.

Hoca yine istifini bozmadan:

- O zaman sana ne? demiş.

## GEÇMİŞ ZAMAN

Türkçe dersinde öğretmen sordu:

- Ben güzelim, dediğim zaman bu hangi zaman formundadır?

- Geçmiş zaman öğretmenim.

## KUSUR ÇÖMLEKTE

Hocanın bir gün subaşıya işi düşmüş. Adam haraç ve rüşvet yiyen biriymiş. Hoca fakir, ne yapsın. Bir çömleğe toprak doldurmuş ve üstüne bal sıvamış. Gitmiş işini görmüş, belgesini almış, memnun. Ertesi gün kapısında bir adam bitmiş:

- Hoca, demiş, subaşı belgede bir kusur etmiş. Geri istiyor...

Hoca yutar mı:

- Kusura bakmasın evlat, demiş. Kusur belgede değil çömlekteydi.

**BOB NEREDE**

George Bush bir ilkokulu ziyaret eder. Çocuklara:

- Sorusu olan var mı? der.

Ve kücük Bob sözü alır:

- Benim üç sorum olacak: 1- Seçimlerde daha az oy almanıza rağmen, nasıl oldu da başkan oldunuz? 2- Hiroşima'ya atılan atom bombası, sizce dünyanın en büyük terör faaliyeti değil midir? 3- Hiçbir neden yokken neden Irak'a saldırmak istiyorsunuz? Aniden zil çalar ve çocuklar teneffüsse çıkarlar. Çocuklar geri döndüğünde bu sefer sözü küçük Tom alır:

- Benim beş sorum olacak: 1- Seçimlerde daha az oy almanıza rağmen, nasıl oldu da başkan oldunuz? 2- Hiroşima'ya atılan atom bombası, sizce dünyanın en büyük terör faaliyeti değil midir? 3- Hiçbir neden yokken neden Irak'a saldırmak istiyorsunuz? 4- Bugün neden zil 30 dakika erken çaldı? 5- Bob nerede?

## YALAN

Bir otobüs dolusu politikacı, seçim kampanyası için Teksas'ta dolaşıyorlardı. Otobüs büyük bir çiftliğin yanından geçerken, şoförün dalgınlığı yüzünden derin bir şarampole uçtu. Çiftçi koşarak geldi. Gece kurda kuşa yem olmasınlar diye, cesetleri gömmeye başladı. Ertesi sabah, şerif soruşturma için çiftliğe geldi. Çiftçiye sordu:

- Otobüsteki bütün politikacıları gömdün demek... Hepsi de ölüydü, eminsin değil mi?

Çiftçi cevap verdi:

- Bazıları yaşadıklarını iddia ettiler, ama politikacıları bilirsiniz... Nasıl yalan söylerler.

**İHBAR SIRASI**

Sovyetler Birliği'nin ayakta olduğu dönemler. KGB'ye ihbar geliyor:

- Komşum Salamon bir haindir. Devletten elmaslarını saklamak için onları odunluktaki odunların içlerine gizledi.

KGB anında baskın düzenliyor, bütün odunları kırıyor. Ama ihbar yanlış, bir tek elmas bulamıyorlar. Salamon'un gözünü korkutup gidiyorlar. Gece geç vakit, Salamon'un telefonu çalıyor:

- Salamon? Ben Moiz. KGB baskın yaptı mı?
- Evet.
- Kışlık odunlarını kırdı mı?
- Evet.
- Tamam. O zaman ihbar sırası sende. Ön bahçemin çapalanması gerekiyor...

## TEMEL VE MAYMUN

Nasa uzay üssünde yeni bir deneme yapılıyormuş. Gönüllü başvuranlar arasından Temel, astronot adayı olarak seçilmiş. Ön elemede oldukça sıkı testleri geçen Temel, üç aylık ikinci bir eğitim ile iyi bir astronot olabilmiş. Beklenen an gelmiş ve Temel bir maymunla birlikte uzay mekiğine binerek havalanmış. Atmosfer aşıldıktan sonra Temel'in ilk işi; kendisine sıkı sıkıya söylenildiği gibi, zarfları açıp maymunun ve kendisinin görev kartlarını okumak olmuş. Maymunun görevleri: "Yerküre ile bağlantıyı sürekli kontrol altında tutmak; her iki saatte bir yörüngedeki sapmaları ayarlamak; füze içindeki hava basıncı, ısı, iletkenlik değerlerini aşağıya bildirmek; yakıt harcamasını ve motorların sırasını belirlemek..." diye devam ederken; okumaktan sıkılan Temel, kendi görev kartını açmış: "Maymunu iyi besle!"

## TEKRAR DENEYİN

Temel ile Dursun promosyonlu meşrubat alırlar. Meşrubatı açan Temel hemen kapağa bakar; "Tekrar deneyin" Kapağı kapatıp yeniden açar ve okur; "Tekrar deneyin" ... En sonunda sinirlenen Temel:

- Ula Tursun. Ha punlar pizi kandıriy! İki saattir deneyrum hala pi şey çıkmadi.

**SIKINTI**

Temel İngiltere'ye gitmişti. Arkadaşları Temel'e:

- İngilizce bilmeyesun, İngiltere'de çok sıkıntı çektin mi? demişler.

Temel: - Hayır, sıkıntıyı asıl İnciluzlar çekti...

**BAŞKA ASKER YOK MU?**

Yeni asker olan Temel'e komutanı sormuş:

- Savaşta siperdesin, sağ taraftan düşman askeri geldiğini gördün. Ne yaparsın?

Temel heyecanla cevap verir:

- Hemen silahımı çevirir, üzerlerine ateş açarım, komutanım.

Komutan tekrar sormuş:

- Peki, karşıdan geliyorsa?

- Karşıya ateş açarım, komutanım.

Komutan:

- Arkadan geliyorsa? deyince, Temel dayanamamış:

- Komutanım, bu ordunun benden başka askeri yok mu?

## TEMEL KARAYOLLARINDA

Temel Karayolları Müdürlüğü'nde işe alınmıştır; görevi ise, yollardaki çizgileri çekmektir. Temel'e bir kutu boya ve fırça verilir. Temel çizgileri çekmeye başlar. Bir gün amiri gelir ve çizelgeye bakar; "1. gün 500 metre, 2. gün 300 metre, 3. gün 150 metre, 4. Gün 100 metre..." - - Temel, her gün gittikçe tembelleşiyorsun galiba? der.

Temel cevap verir:

- Aksine amirum daha çok çalışayrum, lakin gün geçtikçe boya kutusundan daha fazla uzaklaşayrum.

**İDRAR TAHLİLİ**

Temel hastaneye gitmektedir. Girişte birinin ağladığını görür. Yaklaşır ve sorar:

- Hayrola hemşehrim! Neden ağlıyorsun?

Adam:

- Kan tahlili yaptırmaya geldim. Parmağımı kestiler! der.

Temel daha şiddetli bir şekilde ağlamaya başlar. Bu sefer susan adam, Temel'e sorar:

- Hemşehrim, sen niye ağlamaya başladın?

Temel:

- Ben, der, idrar tahlili yaptırmaya geldim.

## ÖKSÜRÜYORUM

Temel dahiliyeciye gitmiş. Doktor ona neyinin olduğunu sormuş.

- Öksurayrum, demiş Temel.
- Ne zamanlar öksürüyorsun?
- Tuvalette oturuyurken kapiyu tiklattiklari zaman, demiş Temel...

## İÇKİ İSTEYEN LAZ

Temel otelin birinin odasında kara kara düşünüyor... "Ulan" diyor, "Ben aşağıdan içki isterken laz olduğum anlaşılır mı acaba?" Geçiyor aynanın karşısına ve prova yapıyor. "Bana bir visku... Yok böyle anlarlar"... "Bana bir rakı, yok..." diyor, "Böyle de anlarlar". "Bana bir bira... Tamam" diyor, "Böyle iyi... Anlamazlar." Ve aşağıya iniyor. Masaya dirseklerini dayıyor ve sesleniyor; "Barmen, bana bir bira." Adam, Temel'i biraz süzdükten sonra soruyor; "Birader sen laz mısın?" Temel; "Uuuy nasil anladın?" diyor. Adam; "Burası resepsiyon, bar karşıda..."

**TRABZON'A GİDER**

Temel uçakla Trabzon'a gidecekmiş. Oturmuş bir yere rastgele. Asıl yer sahibi gelmiş:

- Beyefendi, burası benim yerim, kalkar mısınız?

- Hayır.

- Beyefendi, burası benim yerim, kalkın.

- Hayır.

Yer sahibi gider hostese başvurur:

- Beyefendi, burası sizin yeriniz değil, kalkar mısınız lütfen?

- Kalkmam.

Hostes, çare bulamayınca kaptana başvurur. Kaptan, Temel'in kulağına bir şey fısıldar ve Temel kalkar, arka tarafa oturur. Herkes hayret etmiş durumdadır; "Biz bu kadar uğraştık kalkmadı, acaba kaptan nasıl kaldırdı bunu?" diye. Dayanamıyorlar, Kaptan'a soruyorlar:

- Dedim ki; burası Trabzon'a gitmez...

## İKİ TÜP GEÇİT

İstanbul'a tüp geçit yapılması için ihale açılmış... Amerika, Japonya vs. hepsi teklif vermiş; 10 milyar, 20 milyar dolarlar... Bizim Temel'le Dursun ise 10 bin dolarlık bir teklif getirmişler... Komisyon gitmiş Trabzon'a; Temel'le Dursun'u görmeye... Demişler ki:

- İhaleyi size vereceğiz, anlatın bakalım projenizi?

Temel başlamış anlatmaya:

- Ben gideceğim Anadolu yakasına, başlayacağım denizin altından kazmaya. İdris de gidecek Avrupa yakasından kazacak. Denizin altında ortada buluşacağız.

Yetkililer sormuş:

- Peki, ya hiç buluşamazsanız ne olacak?

İdris de bu sefer atılmış:

- O zaman bir tüp geçit fiyatına iki tüp geçit yaptırmış olacaksınız...

## GECEYİ BURADA GEÇİRECEĞİZ

İki Karadenizli uçağa binmiş. Uçak havalandıktan sonra uçağın motorlarından biri bozulmuş. Pilot anons etmiş:

- Uçağımızın bir motoru bozulmuştur. Telaşa gerek yoktur.

Aradan çok geçmeden ikinci motor da bozulmuş. Pilot anons etmiş:

- Uçağın ikinci motoru da bozuldu...

Temel Dursun'a dönmüş:

- Tursun, desene geceyi burada geçireceğiz.

## İMZA

- Babacım, karanlıkta yazı yazabilir misin?
- Sanırım. Ne yazmamı istersin?
- Karneme adını yazıp, imza atar mısın?

## EV ÖDEVİ

Küçük kız okuldan gelir ve annesine:

- Annecim, bugün okulda yapmadığım bir şey yüzünden cezalandırıldım.

Annesi haykırır:

- Ama, bu nasıl olur. Okula gelip öğretmeninle bu konu hakkında konuşmalıyım... Bu arada, senin yapmadığın şey neydi?

Küçük kız cevaplar:

- Ev ödevim.

## YETERLİ DEĞİL

Küçük çocuk, okulun ilk günü sonunda eve döner.
Annesi sorar:
- Bugün ne öğrendiniz?
Çocuk cevaplar:
- Yeterli değil, yarın tekrar gitmem gerek.

## HEPSİ BİRDEN

Oymak beyi, izci adaylarını karşısına toplamış, onlara izciliğin ilkelerini anlatmaya çalışıyordu:

- Bakın çocuklar, dedi. Bir izci, her gün, hiç olmazsa bir kez birine yardımcı olmalıdır. Hastalara... Yaşlılara... Muhtaçlara... Her sabah okula geldiğiniz zaman size, bir gün önce nasıl bir iyilik yaptığınızı soracağım. Tamam mı?

Ertesi sabah oymak beyi çocukları toplayıp sordu:

- Söyleyin bakalım... Dün ne gibi bir iyilik yaptınız?

Bütün çocuklar, hep bir ağızdan:

- Yaşlı bir kadının karşıdan karşıya geçmesine yardım ettik efendim.

Adamcağız şaşırdı:

- Hepiniz mi?
- Evet efendim, hepimiz birden.
- Neden?

Çocuklardan biri cevap verdi:

- Kadın karşıdan karşıya geçmek istemiyordu, ondan efendim!

**KONUŞMAYANLAR**

Hayat bilgisi dersinde öğretmen sordu:

- Balıklar neden konuşmaz?

Funda parmak kaldırdı:

- Öğretmenim, siz de başınızı suya soksanız konuşamazsınız.

## HEPSİ BU KADAR MI?

Küçük Aylin'e teyzesi bir milyon lira vermişti. Küçük kız bir şey demeden parayı cebine attı. Bunun üzerine annesi söze karıştı:

- Aylin, teyzene ne demen lazım?

Aylin cevap vermedi. Anne bunun üzerine yardım etmek istedi:

- Baban bana para verdiği zaman, ben ne diyorum?

Birden gözleri parlayan Aylin:

- Hepsi bu kadar mı? diye atıldı.

## HARFİN ADI

Birinci sınıf öğretmeni öğrencilerden birine sordu:

- Bu harfin adı ne?

Üzülerek karşılık verdi çocuk:

- Harfi tanıyorum ama, adı bir türlü aklıma gelmiyor...

## HAKSIZLIK

Öğretmen, iki öğrencisine kızar ve ellişer kez adlarını yazmalarını söyler. Öğrencilerden biri bu karara itiraz eder:

- Öğretmenim, bu haksızlık olur.
- Neden haksızlık olurmuş?
- Onun adı Ali, benimki ise Abdurrahman.

**BABA**

Birinci sınıfa başlayan çocuklara öğretmen, babalarının mesleklerini soruyordu:

- Söyle bakalım Mert, baban ne iş yapıyor?

Mert:

- Otobüsleri kaldırıyor efendim, dedi.

Bir sıra önde oturan bir çocuk yanındaki arkadaşına yavaşça sordu:

- Pek iyi anlayamadım, neymiş babası?

Arkadaşı büyük bir saflıkla cevap verdi:

- Vinçmiş, vinç!

**DENİZ**

Küçük Mehmet'le Mine konuşuyorlardı:

- Nehirler nereye dökülür?
- Denize, tabii.
- Hepsi mi?
- Evet.
- Öyleyse deniz neden taşmıyor?
- Tabii taşmaz. Denizin dibi sünger dolu. Suyu onlar çekiyor.

## TATLI KOYARKEN

Çocuk:

- Nine, senin gözlüklerin her şeyi büyütüyormuş, doğru mu?
- Evet yavrum, neden sordun?
- Ne olursun nineciğim, tabağıma tatlı koyarken gözlüğünü çıkar olur mu?

**ÖDEV**

Öğretmeni Kemal'in ödevlerine bakıyormuş:

- Kemal bu yazı babanın kaleminden çıkmış olmasın?

Kemal:

- Evet öğretmenim, çünkü yazarken babamın kalemini kullandım.

**ROMA'YI KİM YAKTI?**

Sınıfta öğretmen uyuklayan öğrencisine sormuş:

- Roma'yı kim yaktı oğlum?

Çocuk:

- Hocam ben yakmadım, diye ağlamaya başlamış.

Öğretmen sinirlenip sınıftan hızla çıkmış. Karşısına edebiyat öğretmeni çıkmış:

- Ne oldu hocam, neye sinirlendin, demiş.

- Bir çocuğa, "Roma'yı kim yaktı?" dedim, "Ben yakmadım" diye ağlamaya başladı.

Edebiyat öğretmeni:

- Boş ver hocam, bunlar yaparlar yaparlar yapmadım derler.

Öğretmen iyice sinirlenmiş. Bu sefer karşısında Müdürü bulmuş:

- Hocam ne oldu?

- Hiç sorma hocam, sınıfta çocuğun birine sordum; "Roma'yı kim yaktı?" diye, çocuk; "Ben yakmadım" diye başladı ağlamaya.

- Tamam hocam, niye sinirleniyorsun, ben şimdi bir kağıt yazıp kimin yaktığını bulurum, zararı da tahsil ettiririm.

## ERKEN ÇALMIŞ

Yaramaz Fatih, yine sınıfa zil çaldıktan sonra girmişti. Bu durum, öğretmenin canına tak etmiş:

- Fatih! Yine mi geç kaldın? Öf! Bıktım bu yaramaz çocuktan.

- Ben geç kalmadım ki, öğretmenim. Zil ben gelmeden önce çalmış.

-!..

## HEYBE

Nasreddin Hoca bir gün heybe almak için pazara gider. Güzel bir heybe görüp pazarcı ile pazarlık yapar ve 1 akçeye anlaşırlar. Tam oradan ayrılacaktır ki, daha güzel bir heybe dikkatini çeker:

- Kaç akçe şu heybe, muhterem?
- 2 akçe hocam.
- Aldım gitti, diyen hoca elindekini bırakır ve onu alıp tam gidecekken, pazarcı seslenir:
- Hocam! Bu heybe 2 akçe. Sen 1 akçe verdin.

Hoca sinirlenir:

- Bre cahil adam! Sana önce 1 akçe verdim. Sonra da 1 akçelik heybe bıraktım! İkisi eder 2 akçe. Daha benden neyin parasını istersin!

**MEKTUP**

Temel, çalışmak için gittiği şehirden köye, babasına mektup yazar. Klasik mektup cümleleriyle başlayan mektup, şu notla biter; "Babacuğum. Acele cevabini bekliyrum. Yalnız, zarfa biraz da para koyarsan iyi olir. Oğlin Temel." Aradan on beş gün geçer ve mektubun cevabı gelir. Temel büyük bir heyecanla zarfı açar. İçinden sadece mektup çıkar. Mektubun sonunda da bir not vardır; "Oğlim Temel. Sana para göndereceydum. Ama anan zarfi kapatmiş. Bir dahaki sefere evladim. İmza: Buban."

## AĞANIN ATLARI

Zengin bir köy ağası vefat eder. Vasiyeti açılır. Mallarının yarısını büyük oğluna, dörtte birini ortanca oğluna ve beşte birini küçük oğluna bırakmıştır. Bütün mallar paylaşılır, ancak ortada 19 tane de at vardır. 19'u ne ikiye, ne dörde, ne de beşe bölmek mümkündür. Köyün en akıllı adamına gidip akıl danışırlar. Adam da onlara yardımcı olabileceğini söyler. Der ki:

- Benim de bir atım var. Alın bunu size veriyorum. Oldu mu 20 at? Yarısını sen al bakalım (10). Dörtte birini de (5) ortanca kardeşin alsın. Beşte birini de (4) en küçüğünüze verelim. On, beş daha, on beş. Dört daha, on dokuz. Verin bakalım şu bizim geriye kalan düldülü!..

**İSKOÇYA KOYUNLARI**

Bir mühendis, bir fizikçi ve bir matematikçi İskoçya'da trenin penceresinden bakarken siyah bir koyun görürler, mühendis hemen atılır:

- İskoçya'daki bütün koyunlar siyah, der.

Fizikçi söze karışır:

İskoçya'daki bazı koyunlar siyah, diyerek.

Ve matematikçi son noktayı koyar:

- İskoçya'da en az bir tarafı siyah olan, en az bir tane koyun vardır.

## TEMEL'İN GAZETESİ

Temel bir dağ başında oturuyormuş ve en büyük zevki günlük gazete okumakmış. Fakat tembelmiş ve gazete alabileceği tek yer oturduğu dağın eteğindeki bakkalmış. Bu iş için hep Fadime'yi gönderirmiş. Fadime bir gün sıkılmış ve Pazartesi günü yedi tane o günün gazetesinden almış. Ve Pazartesi günü bir gazete verip diğerlerini saklamış. Ertesi gün, Temel gazete isteyince dün aldığı gazetelerden birini; "Ben çıkıyorum" deyip, işlerini hallettikten sonra çıkarıp vermiş. Çarşamba günü yine Temel gazete istemiş. Fadime yine işlerini halledip Temel'e gazeteyi vermiş. Perşembe günü yine Temel gazete istemiş, Fadime yine vermiş. Akşama doğru Temel, Fadime'yi çağırıp:

- Fadime, demiş. Dünyada ne salak insanlar var; dört gündür aynı adam aynı yerdeki ağaca arabasını çarpıyor.

## BİTMEMESİ LAZIM

Adam doktora gitmiş:

- Doktor bey, kalbim çok hızlı atıyor.

Doktor:

- Atmaması lazım, demiş.

Bunun üzerine adam koşa koşa eczaneye gidip:

- Sizde Atmaması var mı? diye sormuş.

Eczacı:

- At maması bizde olmaz, karşıdaki veterinere soracaksınız.

Bunun üzerine adam veterinerden beş kutu at maması alıp beş ay kullanmış. Sonuç süper. Beş ay sonra şikayeti yeniden başlamış. Veterinere gidip at maması istemiş.

Veteriner:

- Maalesef bizde de kalmadı, demiş.

Bunun üzerine adam panik halinde doktora giderek:

- Doktor bey, at maması bitmiş, diye yakınmış.

Doktor cevap vermiş:

- Bitmemesi lazım...

## ÇOK AZ ÖMRÜNÜZ KALDI

Adamın biri doktora gitmiş. Doktor adamı teşhis ettikten sonra:

- Beyefendi, üzgünüm ama çok az ömrünüz kaldı, demiş.

Adam:

- Doktor bey, söyleyin, ne kadar ömrüm kaldı?

Doktor, "10, 9, 8..." diye saymaya başlamış.

- Doktor bey, 10 ne; 10 ay, 10 gün hangisi?

Doktor:

- 9, 8, 7, 6, 5, 4, 3, 2, 1

**DAİRE**

Öğretmeni Fatoş'u tahtaya çağırmış:

- Fatoş bana bir daire çizer misin, demiş.

Fatoş: -Öğretmenim daire çok pahalı, ben bir gece kondu çizsem daha iyi olur.

**100 BİN YETER**

Oğlu Kayseriliden para istiyor:

- Baba 500 bin lira verir misin?

Kayserili:

- 400 bin mi dedin? Ne yapacaksın 300 bini, 200 bin neyine yetmiyor, al sana 100 bin yeter!.. Kayserili çıkartıp 50 bin lira verir...

Oğlu:

- Bana zaten 50 bin lazımdı...

- Bak sen kerataya... Demek sahte para vermesem kazıklayacaktın beni!..

**TELEFON NUMARASI**

Kemal annesine:

- Anneciğim, bugün öğretmen öyle bir şey sordu ki benden başka kimse cevabını veremedi, dedi.
- Aferin, oğlum, öğretmenin sorduğu şey neydi?
- Telefon numaramız.

## YAPACAĞIMI BİLİRİM

Nasreddin Hoca bir gün pazarda alış veriş yaparken, heybesini pazarda bir yerde unutur. Eve geldiğinde heybesini arar ama bir türlü bulamaz. Kara kara düşünürken aklına bir munzurluk gelir ve pazarın ortasına geçerek şöyle der:

- Eeeeey millet, duyduk duymadık demeyin, ben heybemi kaybettim. Benim heybemi bana bulup getirin. Eğer bulamazsanız, ben yapacağımı bilirim.

Tabii köylüler telaşa düşerler. Nasreddin Hoca bu, ne yapacağı belli mi olur! Neyse, Hoca'nın heybesi bulunur bulunmasına ya, Nasreddin Hoca'ya sorarlar:

- Hocam, eğer heyben bulunmasaydı, ne yapacaktın sen bize?

Hoca cevap verir:

- Ben size ne yapabilirim yahu! Evde eski bir kilim vardı, ondan kesip kendime bir heybe yapacaktım, demiş.

## ODA

İdris bir gün Amerika'da bir otele gitmiş. Resepsiyona:

- Ben burada bir oda ayırtmıştım, demiş.

Resepsiyoncu da İdris'e:

- O odayı biz başka bir müşterimize verdik, demiş.

İdris:

- Nasıl olur? O oda benim.

Resepsiyoncu:

- Malesef üzgünüm, odanızı Jean- Claude Van Damme'a verdik.

İdris de demiş ki:

- Beyefendi, o oda tek kişilik değil miydi, nasıl dört kişiye verdiniz?

**KARNE**

Geçen sene çok başarılı olan Ali, bu sene dört zayıf getirmiştir. Eve gidince annesi:

- Karnen nerede? diye sorar.

Ali büyük bir pişkinlikle karneyi verir.

Annesi: - Ali bu karnenin hali ne? diye sorar.

Ali ise su cevabi verir:

- Ama anne geçen sene en başarılı ben olduğumda ne kadar sevinmiştin! Birak da bu sene de başkalarının annesi sevinsin.

## SENİN KARNEN

Baba, ortaokul üçüncü sınıfa giden oğlunun, elinde karneyle salona girdiğini görür. "Allah Allah, dönem ne çabuk bitmiş..." diye düşünür ve oğluna seslenir:

- Getir bakayım şu karneyi!

Adam karneye bir bakar ki, beden eğitimi ve resim dışındaki tüm dersler zayıf.

- Bir dediğini iki etmiyoruz, bilgisayar dedin, bilgisayar aldık, İngilizce kursu dedin İngilizce kursuna gönderdik, gitar kursu, müzik aletleri, ne istersen yapıyoruz. Kız arkadaş uğruna harcadığın çiçek parasının haddi hesabı yok. Ne bu notların hali?

- Baba... O benim karnem değil ki, senin kitaplarını karıştırıyordum, birinin arasında karnelerinden birini bulmuştum.

# İLLÜZYONLAR

## SONUÇ BULMAK

Bir arkadaşınıza üç basamaklı ve rakamları birbirinden farklı bir sayı yazmasını isteyin. Sonra bu sayının tersini (yani sayı 'abc' ise 'cba') yazmasını söyleyin ve büyük olandan, küçük olanı çıkarmasını isteyin. Size sadece sonucun birler basamağını söylesin. Siz de sonucu bilin!

İşte sırrınız: Ortadaki rakam her zaman '9'dur. Birler basamağı kaçsa, yüzler basamağı da dokuza tamamlayan sayıdır.

Örneğin; arkadaşınız 264 sayısını yazmış olsun. Tersi 462'dir. Büyük olandan küçüğü çıkaralım.
462-264=198

Arkadaşınız size sadece '8'i söyledi ve siz de yüzler basamağının '1' olduğunu anladınız. (1+8=9)

## İSKAMBİL OYUNU

52'lik bir iskambil destesini bir arkadaşınıza iyice karıştırması için verin. Sonra kağıtları alıp üstten (kapalı taraftan) sıra ile üst üste sayarak yarısına kadar (26) açın. Sonra yirmi altı kağıdı, sırasını bozmadan destenin en altına koyun. Üstten bir kağıt açın. O kağıt '10' dan küçükse 10'a tamamlayacak kadar kağıdı, kapalı olarak altına doğru koyun. ( 3 çıktıysa 7 adet; 9 çıktıysa 1 adet; 10 çıktıysa hiç. Semboller önemli değil. Resimliler de 10 sayı) Bunu iki kere daha yapın. Sonra açıkta kalan üç kağıdın sayı değeri toplamını hesaplayın. Toplamı kadar kağıdı, destenin üstünden sayın. Toplama geldiğinizde o kağıdı açmadan kağıdı bilin!

Örneğin; 26 kağıt saydıktan sonra ilk açtığınız kağıt, '6' olsun. Altına doğru 4 adet kağıt daha, kapalı olarak koyuyorsunuz. İkinci kağıdı açıyorsunuz. O da 'vale' olsun. Sayı değeri '10' olduğu için hiç kağıt koymuyorsunuz. Üçüncü kağıt da '2' olsun, altına 8 adet kağıt koyuyorsunuz. Şimdi sıra açık olan kağıtların değerini bulmaya geldi: 6+10+2=18

O halde üstten açacağınız 18. kağıt sinek beşlidir! (mesela)

İşte sırrınız: Bu kağıt, açık olarak saydığınız yirmi altı kağıdın 7.'sidir. Bu her zaman böyledir. Demek ki yirmi altı kağıt sayarken yedinciyi hiç unutmayacaksınız. Sonraki işlemler ne olursa olsun!

## PATLAMAYAN BALON

İllüzyonistlerin klasik numarası olan patlamayan balon, aslında çok basit bir numara. Balonun şiş geçirilecek yerlerine birer şeffaf bant yapıştırırsanız patlamaz. Yalnız hava kaçırmaya başlayan balonu hemen numara biter bitmez patlatıp, sırrınızı gizlemeniz lazım.

## KIRILMAYAN KİBRİT

Küçük bir havlu veya kumaş mendili masanın üzerine koyun. Ortasına da bir kibrit çöpü. Mendili katlayıp kibriti mendilin içinde kırın. Yalnız kırılma sesini herkes duysun. Mendili açtığınızda kibrit çöpü sapasağlamdır. Bu nasıl olabilir?

Tabii ki bir kibrit çöpü kırıyorsunuz ama bu kırılan, mendilin ortasına koyduğunuz çöp değil. Mendilin kenarında bulunan katlı yerin içine önceden koyduğunuz diğer çöp.

## VANTRİLOK OLMAK İSTER MİSİNİZ?

Tıpkı bir vantrilok gibi, dudaklarınızı oynatmadan konuşabilir misiniz? Dudaklarınızı zorlayan birkaç sesi çıkarmazsanız, bunu yapabilirsiniz.

B yerine D deyin.

F yerine H sesini çıkarın.

M yerine N'yi kullanın.

P yerine yumuşak bir T sesi çıkarın.

C yerine yumuşak D sesini kullanın.

V yerine H deyin.

K yerine T sesini kullanabilirsiniz.

Çoraptan, basit bir kukla yapın. Dudaklarınız oynamadığı sürece, arkadaşlarınız kuklayı izleyeceklerdir. İnandırıcı olabilmek için kuklayı konuştururken siz de ona bakmalısınız. Gösteriye hazır mısınız?

İşte size örnek bir diyalog;

- Arkadaşlar bu benim yeni arkadaşım Huysuz.
- Dana Huysuz dene.
- Ama sürekli huysuzluk ediyorsun.
- Hayır etniyorun.
- Peki, o zaman arkadaşlarıma, "Merhaba" de.
- Neden diyeyin ti, den onları tanınıyorun.
- Ama onlar seninle tanışmak istiyor.
- Of ya, daşta işin yot nu senin.
- Neden itiraz ediyorsun?
- Nadenti den huysuzun, huysuzlut etnet istiyorun...

## KİBRİT KUTUSU DOLU MU BOŞ MU?

Bu gösteriyi yapabilmeniz için ikisi boş, biri dolu üç kibrit kutusu, bant ve uzun kollu bir giysiye ihtiyacınız var. Gösterinize başlamadan önce dolu kibrit kutusunu, sol bileğinizin altına yapıştırın ve giysinizin koluyla üstünü kapatın.

Şimdi, sol elinizle boş kibrit kutusunu salladığınızda dolu gibi ses çıkacak, sağ elinizle salladığınızda ise hiç ses çıkmayacaktır.

Şimdi gösteri zamanı:

İki boş kibrit kutusunu arkadaşlarınıza gösterin ve şöyle deyin: "İki tane kibrit kutum var. Solumda duran dolu..." (Solda duran kibrit kutusunu sol elinizle alın ve sallayın) "Fakat sağımda duran boş" (Sağdaki kibrit kutusunu sağ elinizle alıp sallayın).

"Sol elimdeki kibritleri, sağ elimdeki kibrit kutusuna nasıl geçirebilirim?" (Yine sol taraftaki kutuyu sol elinizle, sağ taraftaki kutuyu sağ elinizle sallayın).

"Sağ elimdeki kutuyu sol elime geçirerek, sol elimdeki kutuyu da sağ elime geçirerek bunu yapabilirim" (Dediğinizi yapın. Sağ taraftaki kutuyu sağ elinizle sallayın. Sol taraftaki kutuyu da sağ elinizle sallayın).

"Veya önceden sağ elimde duran fakat şimdi sol elimdeki kutuyu, önceden sol elimde duran fakat şimdi sağ elimdeki kutunun sağına koyarım, böylece soldaki sağ, sağdaki de sol olur, değil mi?" (Kutuların yerlerini tekrar değiştirin ve birkaç kafa karıştırıcı hareket daha yapın).

"Şimdi hangisi dolu? Bu mu?.." (Sol taraftaki kutuyu sol elinizle sallayın). "Yoksa bu mu?.." (Sağ tarafınızdaki kutuyu sağ elinizle sallayın).

Arkadaşlarınız, sol taraftaki kutu olduğunu söyleyeceklerdir. Daha sonra şöyle deyin, "Sanırım bu olamaz..." (Sol taraftaki kutuyu sağ elinizle sallayın) "... O zaman bu olmalı!" (Sağ tarafınızdaki kutuyu sol elinizle sallayın)

Son olarak şöyle deyin, "Aslında sizi kandırdım. Bunların ikisi de dolu!" (İki kutuyu da sol elinizle sallayın ve daha sonra arkadaşlarınıza atın).

Arkadaşlarınız kontrol ettiklerinde, tabii ki ikisinin de boş olduğunu göreceklerdir.

# DENEYLER ve KEYİFLİ UĞRAŞLAR

## GÜNEŞ SAATİ YAPIMI

Eski Mısırlıların zamanı ölçmek için kullandıkları güneş saatlerinden birini yapmayı deneyeceğiz. T biçiminde birbirine bağlanmış iki çubuktan oluşan bu saat taşınabilen ilk zaman aracı olarak M.Ö 1500'lerde kullanılmaya başlanmıştır. Güneşe doğru tutulan bu saatlerde kısa çubuğun gölgesi uzun çubuğun üzerindeki numaralara düşüyor ve zamanı ölçebilmeyi sağlıyordu.

Tabii bu saat sadece güneşli günlerde çalışacaktır. Bunun için öncelikle bir uzun, bir kısa ve bir de küçük küp şeklinde tahta parçalarına ihtiyacınız olacak. Ve bunları yapıştırabilmeniz için tutkal gerekli. Eğer bir de pusula edinebilirseniz işiniz daha da kolaylaşacaktır.

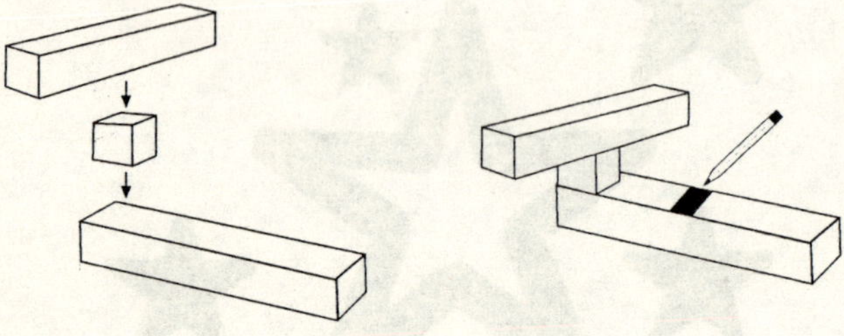

**Yapılışı:** Tahta parçalarını şekilde gördünüz gibi yapıştırın. Güneşli bir günde pusulanızı kullanarak doğu ve batıyı bulun. T sekline gelen tahtayı çapraz kısmı doğuya bakacak şekilde yerleştirin. Öğlene kadar çapraz çubuğun gölgesinin düz çubuk üzerinde nereye düştüğünü işaretleyin. Öğleden sonra saati öteki tarafa, yani çapraz taraf batıya bakacak şekilde çevirin. Her saat başında güneş saatinizi kontrol edin. Gölge daha önce işaretlediğiniz yerlere denk geliyor mu?

Sabah koyduğunuz işaretler kabaca bir saat farklıdır. Bu işaretleri öğleden sonra saati ölçmekte de kullanabilirsiniz. Doğunun ve batının hangi yönde olduğunu bildiğiniz sürece her zaman taşınabilir bir saatiniz var demektir.

## SU SAATİ YAPIMI

İlk olarak Eski Mısırlıların kullandığı düşünülen bir zaman ölçme aracı olan "su saati" ni yapmayı deneyelim şimdi de. Bu saatler, dibinde delik olan bir kovanın boşalması ve dolmasıyla zamanı gösteriyordu.

Su saati yapabilmek için ihtiyacınız olan malzemeler; bir plastik şişe, bir iğne, mumlu kil, suyun içine damlaması için geniş bir tabak ya da saatinizi içine koyacağınız bir leğen.

**Yapılışı:** İğneyi kullanarak, şişenin dibine yakın bir yerine küçük bir delik açın. Saatinizi çalıştırmaya hazır oluncaya kadar bu deliği mum ile kapatın. Şişeyi su ile doldurun. Saati kontrol edin ve deliği açın. Yarım saat sonra şişe içindeki su seviyesini kontrol edin ve bir kalemle işaretleyin. Bu yarım saatte su seviyesinin ne kadar azaldığını işaretlerken şişedeki deliği kapatın. Daha sonra diğer yarım saatleri ölçmek için aynı uzaklıkta başka işaretler koyun. Saati tekrar başlatın ve her saatte bir ya da yarım saatte bir kontrol edin. Saat ne kadar doğru?

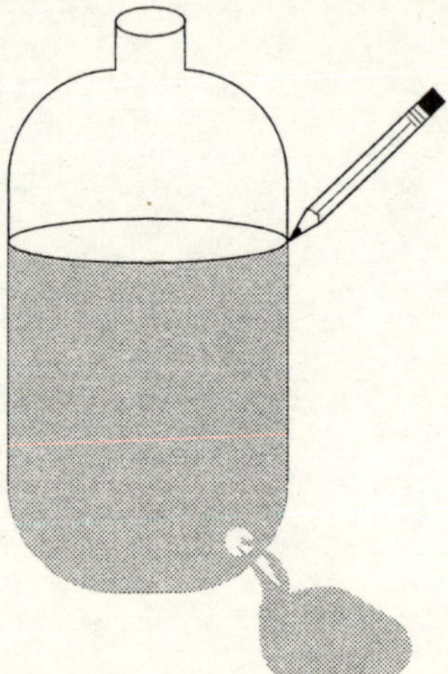

## AMPUL DENEYİ

Bir balonu güç kaynağı olarak kullanalım ve bir floresan ampülü yakalım. Nasıl mı?

Bu deneyi yapabilmeniz için size gereken malzemeler şunlar; floresan ampul, balon ve yünlü bir kumaş.

**Yapılışı:** Öncelikle balonu şişirin ve ağzını sıkıca bağlayın. Balonu bir süre yünlü kumaşa sürtün. Daha sonra ışığı söndürün, çünkü bu deneyi karanlık bir odada yapmanız gerekiyor. Gözlerinizin karanlığa alışmasını bekledikten sonra balonu ampule değdirin. Ampulün yandığını göreceksiniz.

Peki bu nasıl oldu? Çok basit. Balon yünlü kumaşa sürtüldüğünde eksi yükle yüklenmiş oldu ve böylece durgun elektrik oluştu. Eksi yükle yüklenmiş balonu floresan ampule yaklaştırdığınızda, cıva buharı içindeki elektronlar hareketlendi. Cıva atomlarının uyarılması sonucunda da bir elektrik akımı oluşmuş oldu. Bunun sonucunda da cıva molekülleri, mor ötesi ışınlar yaydı. Bu ışınlar fosforun ışımasına neden oldu ve biz de bu ışımayı görebildik.

## SUYU PARÇALAYABİLİR MİSİNİZ?

Bu deneyi yapmamızdaki amaç; suyu meydana getiren maddeleri yani oksijen ve hidrojeni görebilmek.

Bu deney için size gerekli olan malzemelerse şunlar; her iki uçları da açık olan iki kurşun kalem, 9 voltluk pil, elektrik teli, kavanoz, makas, karton ve bir avuç çamaşır sodası.

**Yapılışı:** İki tane 20cm boyunda elektrik teli kesin ve uçlarını 3cm kadar açın. Tellerin açtığınız bu uçlarını 9 voltluk pile bağlayın. Diğer uçlarını da halka haline getirin. Yarıya kadar suyla doldurduğunuz kavanozun içine bir avuç çamaşır sodası atın ve çözünene kadar karıştırın. Kavanozun ağzına kartonu yerleştirin. Daha sonra kartonu delerek kalemleri deliklerden geçirin. Kalemlerin yarısı suya batsın. Halka halindeki telleri kalemlerin dışarıda kalan uçlarına geçirin. Suyun içindeki kalem uçlarına bakın ve ne olduğunu gözlemleyin.

**Sonuç:** Pile bağlı telleri kaleme bağladığınız zaman elektrik akımı pilden tele, kaleme ve suya gidecektir. Akım sudan geçince kalemlerin uçlarında baloncuklar göreceksiniz. Gördüğünüz bu baloncuklar, oksijen ve hidrojen gazlarıdır. + uç oksijen, - uç ise hidrojen gazını meydana getirir.

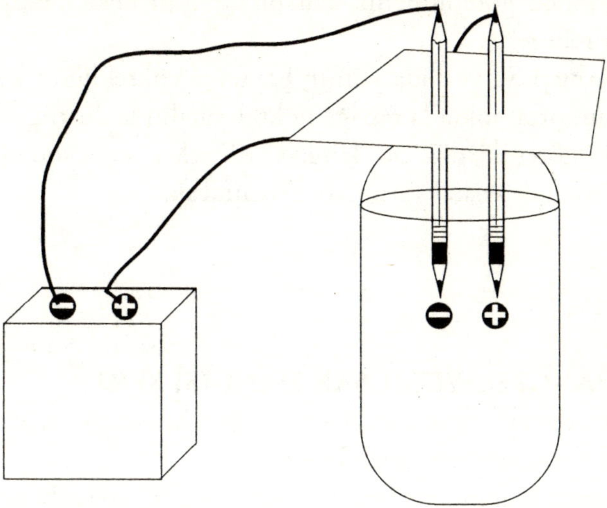

## SARKIT VE DİKİT YAPALIM

Sarkıt ve dikitlerin oluşumunu görmek için yapabileceğiniz basit bir deney.

İhtiyacınız olan malzemeler; iki adet kavanoz, sıcak su, çamaşır sodası, tabak ve kalın bir yün ipliği.

**Yapılışı:** Her iki kavanoza da bir büyüğünüzün yardımıyla sıcak su doldurun ve içlerinde bir miktar çamaşır sodası çözündürün. İki kavanozun arasına tabak koyun. Kalın yün ipliğin bir ucunu kavanozun birine, diğer ucunu da öteki kavanoza bırakarak ipliği mümkün olduğunca gergin hale getirin.

Sonucu görebilmeniz için birkaç gün beklemeniz gerekecek.
**Sonuç:** Su ve soda yün ip boyunca yükseldiğini ve tam orta noktada tabağa noktalar halinde düştüğünü göreceksiniz. Bu damlalar düşerken soda sudan ayrılarak kristal sütunları oluşturacak.

## HANGİ SU YUMUŞAK HANGİSİ SERT

Bu deneyimizin amacı sert sularla yumuşak suları birbirinden ayırt edebilmek.
Kullanacağınız malzemeler; iki kavanoz, sıvı sabun, göz damlalığı.
**Yapılışı:** Kavanozun birine musluk suyu, diğerine de eşit miktarda şişe suyu koyun. İçlerine beşer damla sıvı sabun ilave edin. Daha sonra kavanozların ağızlarını kapatın ve sabun köpürünceye kadar çalkalayın. Sabun köpürmüyorsa, beş damla daha sıvı sabun ekleyip, kavanozu tekrar çalkalayın. Her kavanoza kaçar damla sabun eklediğinizi bir kağıda yazın.
**Sonuç:** Suyun içindeki bazı kimyasal maddeler sabunun köpürmesini zorlaştırır. Musluk suyundaki madde kalsiyum tuzudur. Bu da sabunun köpürmesini engeller.

## MAKARNALAR NASIL SOLUCAN GİBİ GÖRÜNÜR?

İşte eğlenceli bir deney. Makarnalar solucan gibi hareket edebilirler mi? Deneyin ve görün...

Bu deney için size gereken malzemeler; pişmiş çubuk makarna, derince bir kase, 1 bardak sirke, 1 bardak su, gıda boyası ve 2 yemek kaşık kabartma tozu.

**Yapılışı:** Pişmiş makarnayı solucan büyüklüğünde olacak şekilde küçük parçalara ayırın. Büyük bir kasede sirke ve suyu karıştırın. Daha sonra bu karışıma gıda boyasını da ekleyerek karıştırın. Yavaşça kabartma tozunu ve sonra da makarnaları ilave edin. Şaşırdınız mı?

Makarnalarınız aniden harekete mi geçtiler? Solucanlar gibi su yüzeyine çıkıp yüzmeye mi başladılar?

**Sonuç:** Sirke ve kabartma tozu karışınca küçük gaz baloncukları oluştururlar. Bu baloncuklar makarnalara yapışarak onları yüzeye çıkarırlar.

**SİRKE VE KABARTMA TOZUYLA GÜÇ DENEMESİ**

Bu deneyle sirke ve kabartma tozunun nasıl karbondioksit gazı verdiğini ve bir şişeyi nasıl hareket ettirdiğini göreceksiniz.

Bu deneyi yaparken size geren malzemelerse şunlar olacak; plastik bir şişe, makas, pipet, cam macunu, ince bir kağıt parçası, kabartma tozu, sirke ve su dolu bir küvet.

**Yapılışı:** Öncelikle plastik şişenin altını bir makasla delin. Bunun için bir büyüğünüzden yardım alabilirsiniz. Pipeti delikten sokun ve deliğin etrafını cam macunuyla veya buna benzer bir yapıştırıcıyla kapatın. Daha sonra kağıt parçasının içine kabartma tozunu koyun, kağıdın uçlarını kıvırarak kapatın. Şişenin içine yarısına kadar gelecek şekilde sirke koyun ve mümkün olduğunca çabuk hareket ederek şişenin içine, hazırladığınız kabartma tozu içeren kağıdı atın ve şişenin kapağını kapatın. Sonra da şişeyi küvetin içine bırakın ve nasıl hareket ettiğini izleyin.

# EĞLENCELİ DUVAR YAZILARI

# EĞLENCELİ DUVAR YAZILARI

Eskiden çok kibirliydim, ama şimdi tamamen kusursuzum.

Burada yasak koymak, yasaktır!

Ben bu duvarın önüne hiç gelmedim ki!

Bu sefer başladığım bir işi bitirec...

En eyi olduum dersz türçediyr

İnsanlar ikiye ayrılır, ama ölürler!

Bu duvarlara kimler yazı yazar diye merak ediyordum, artık biliyorum.

Eskiden kararsız biriydim, şimdi emin değilim!

Benim için hayatta 8 önemli şey vardır: Pamuk prenses ve yedi cüceler.

Kafanı çevirip durma, aklından geçenleri okuyamıyorum.

Yüz milyon defa söyledim sana abartmadan konuş diye!

Hoşgörüsüz insanlara tahammül edemem!

Kurtlardan teklif geldi. Sürüden ayrılıyorum.

Eskiden hapishanenin karşısındaki evde oturuyordum, şimdi evimin karşısında oturuyorum.

Uzun lafın kısası: U.L.

Oyunu ayakta alkışladım, oturacak yer yoktu...

Hava korsanı uçağı kaçıracaktı, yapamadı...
Çünkü uçağı kaçırdı...

Geçen gün ben kamyonu sürdüm,
Leonardo da Vinci...
Çocuklara kulak vermeli, yüz değil...

Beş dakika dediğin nedir ki,
iki dakikada geçer.

Bağırsak kurtları bağırsakda yaşar,
bağırmasakda.

Fabrikadan halka satış vardı.
Bir sürü halkam oldu.

1966 yılında içilen kahvelerin hatırı
dolmuştur. İlgilenenlere duyurulur!

Zayıflı bir karne bulan,
insaniyet namına çöpe atsın...

Adam kızmış... İstemeye gelmişler...

Adam o kadar fakirmiş ki,
virajı bile alamamış...

Adamın biri büyük kızını ellere, küçük kızını da ayaklara vermiş.

Adamın biri yatmış, karısı da gemi...

Altın gibi çocuktu, bozdura bozdura harcadılar...

Asansör bozuk.
En yakın asansör karşı binadadır...

Kendimi öldürüp intihar süsü vereceğim.

Dış görünüşe önem vermem,
röntgen filmi çektirip gelin.

Gençler deneme- yamulma yöntemi ile
yetişiyor.

Bakarsan bağ olur, bakmazsan göremezsin.

# BUNLARI BİLİYOR MUSUNUZ?

# BUNLARI BİLİYOR MUSUNUZ?

Ünlü besteci Beethoven'ın son bestesini, sağır olarak yaptığını...

Paris'teki Versailles Sarayı'nın 1300 odası olduğunu ve hiç tuvaletinin olmadığını...

Bir çift sineğin sadece Nisan-Mayıs aylarında bıraktıkları yumurtaların tamamından sinek çıksaydı, dünyayı 14 metre kalınlığında bir sinek tabakası kaplayacağını...

Paraguay'da taraflar kan bağışına kayıtlıysalar, düello yapmalarının yasal olduğunu...

Bir insandaki toplam damar uzunluğunun 150 bin km. ve dünya ile güneş arasındaki mesafenin de 150 milyon km. olduğunu...

Erkeklere yıldırım çarpması olasılığının, kadınlara göre 6 kat daha fazla olduğunu...

Bir futbolcunun topa her kafa vuruşunda, beyninden 1000 hücrenin öldüğünü...

İnsan vücudunun her 7 yılda, ölen hücrelerin yerine yenisi gelerek, tamamen yenilendiğini...

Amerikan halkının %60'ının ülkelerini, dünya haritasında bulamadıklarını...

Kibrit kutusu büyüklüğündeki bir altın külçesinin, yufka gibi açılarak bir tenis kortu büyüklüğüne kadar yırtılmadan uzatılabileceğini...

Ördeğin vakvaklamasının yankı yaratmadığını ve bunu kimsenin açıklayamadığını

Çok şiddetli bir hapşırıkta, kaburgalarımızdan birinin kırabileceğini...

- Fenerbahçe Kulübünün ilk adının 'Siyah Çoraplılar' olduğunu...

- Ülkemizde yaşayan hayvan türü sayısının tüm Avrupa kıtasında yaşayan hayvan türlerinin 1.5 katı olduğunu...

Bir ton kullanılmış beyaz kağıt geri kazanıldığında 16 adet çam ağacının, bir ton kullanılmış gazete kağıdı geri kazanıldığındaysa 8 adet çam ağacının kesilmesinin önlenmiş olacağını...

Bir cam şişenin doğada 4000 yıl, plastiğin 1000 yıl, çikletin 5 yıl, sigara filtresinin 2 yıl süreyle yok olmadığını...

Büyük bir kayın ağacının, 72 kişinin 1 günlük oksijen ihtiyacını karşıladığını...

Dünyadaki mevcut suların ancak % 1'inin kullanılabilir su olduğunu...

Dünya yüzeyinin % 6'sının çölleşmiş, % 29'unun da çölleşme yolunda olduğunu...

Dünya nüfusuna her gün 230 bin, her yıl 93 milyon kişinin katıldığını...

1984'te Kasparov ve Karpov arasında yapılan dünya satranç şampiyonluğu maçının 5 ay sürdüğünü...

Bir kilo limonda, bir kilo çilekten daha fazla şeker olduğunu...

Pablo Picasso'nun, parasızlık çektiği gençlik günlerinde yaptığı resimleri yakarak ısındığını...

Salyangozların 25 bine yakın dişi vardır...

Monako'nun ulusal orkestrasının kadrosunun ordusundan daha geniş olduğunu...

Arıların, bir kilo bal yapmak için dört milyondan fazla çiçekten bitki özü toplamak zorunda olduğunu...

Masa örtüsünün ilk kullanılmaya başlandığı dönemlerde asıl amacının el ve ağız silmek olduğunu...

Timsahların avlarını yerken ağladıklarını...

Eski Çin'de en yaygın intihar biçiminin, bir oturuşta yarım kilo tuz yemek olduğunu...

Fatih Sultan Mehmet'in İstanbul'u fethettiğinde 24 yaşında olduğunu...

Thomas Edison'un karanlıktan korktuğunu ve elektriğin değil de ampulün mucidi olduğunu...

Çakmağın kibritten önce bulunduğunu...

Domuzların vücut yapıları izin vermediği için gökyüzüne bakamadıklarını...

Denizatlarının erkeğinin hamile kaldığını...

Deve kuşunun gözünün beyninden büyük olduğunu...

Şarkıcı Sting'in adını "Yüzüklerin Efendisi" kitabında geçen hobbit kılıcından aldığın...

Kelebeklerin ayaklarıyla tat aldıklarını...

Sadece dişi sivrisineklerin ısırdığını...

"Abrakadabra" sözcüğünün ilk olarak eski çağlarda ateşli hastalıkları iyileştirmek için söylendiğini...

Boğaların renk körü olduğunu ve rengi ne olursa olsun matadorun elindeki hareket halinde olan beze saldırdıklarını...

Kanguruların dengelerini kuyrukları vasıtasıyla sağladıklarını...

Tayvan'da bir firmanın buğdaydan tabak yaptığını ve bu tabakların yemek bittikten sonra yenebildiğini...

- Uzaydan görülebilen tek insan yapımı şeyin Çin Seddi olduğunu...

Deniz yıldızının beyni olmadığını...

# PEKİ BUNLARI BİLİYOR MUYDUNUZ?

## EN ÇOK...

Wilt Chamberlain 1962 NBA liginde bir maçta tek başına tam 100 sayı yapmış.

## EN KÜÇÜK...

En küçük üniversite öğrencisi kaç yaşındaymış biliyor musunuz? Altı... Bu küçük dahinin adı Michael Kearney. Üniversiteye 6 yaşında başlayıp 10 yaşında "Bilgisayar Bilimi"nden mezun olmuş. Biyokimya alanında yüksek lisansını 14 yaşında tamamlamış.

## EN AĞIR...

John Evans adındaki Alaskalı bir mekan tasarımcısı, sebze yetiştirmeye de meraklıymış. Tam 8.61 kg ağırlığında bir havuç yetiştirmiş.

## EN YÜKSEK...

Dünyanın en yüksek şelalesi, Venezuella'da bulunan ve suları 979 metreden dökülen Angel Falls.

## EN BÜYÜK...

Dünyanın en büyük kuşu deve kuşudur.

## EN UZUN...

Dünyada en uzun yaşayan memeli hayvan fildir.

## EN DERİN...

Denizlerin en derin yeri Pasifik Okyanusu'ndaki Mariana Çukuru'dur.

# KAĞIT KATLAMA SANATI

# Penguen

İşte size şirin bir penguen yapma fırsatı. Siyah fon kağıdı kullanırsanız sonuç harika olabilir. Küçük bir tavsiye...

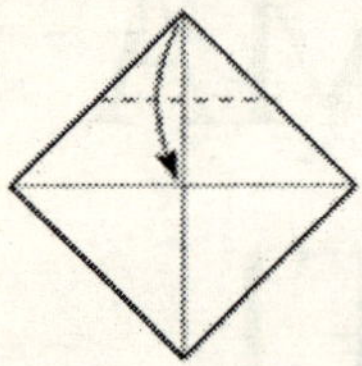

1- Öncelikle kare bir kağıdı alıp köşegenlerinden katlayıp açıyoruz. Daha sonra kağıdımızı şekilde görüldüğü çeviriyoruz ve üstteki köşeyi işaretli yerden katlıyoruz.

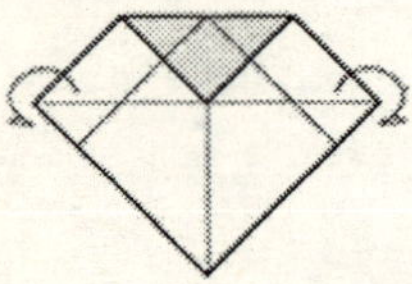

2- Yan kenarları şekilde görülen yerlerden geriye doğru katlıyoruz.

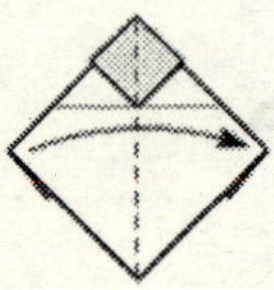

3- Ortadan ikiye katlayarak yanlardaki iki köşeyi birleştiriyoruz.

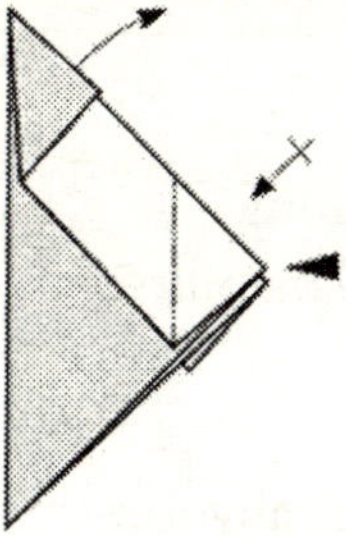

4- Kağıdımızı yan çeviriyoruz. Penguenimizin başını oluşturacak olan daha önce katlamış olduğumuz üst kısmı dışarıya doğru açıyoruz. Ve kanatlarını oluşturacak olan bölümü işaretli yerden içe doğru kıvırıyoruz. Diğer taraf için de aynısını yapıyoruz.

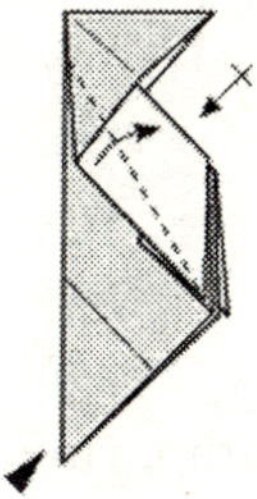

5- Kanatlardaki işaretli yerden katlıyoruz. En alt bölümü de yine işaretli bölümden içeriye doğru kıvırıyoruz.

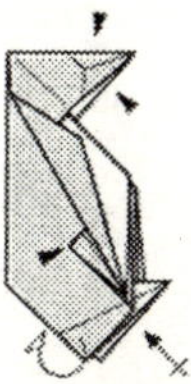

6- En alt bölümdeki parçaları her iki taraftan da içeriye doğru katlıyoruz. Kanatlarda alt kısımda dışta kalan parçayı içe kıvırıyoruz.

7- Ağız bölümündeki katlamaları da gerektiği şekilde yaptığımızda penguenimiz hazır.

# Kuş

Şimdi de kağıttan güzel bir kuş yapalım.
İstediğiniz renkte bir fon kağıdı kullanabilirsiniz.

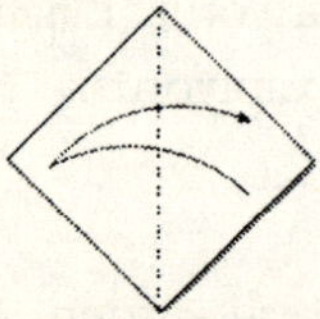

1- Kare kağıdımızı alıyoruz ve şekildeki gibi tutup tam ortasından katlayıp tekrar açıyoruz.

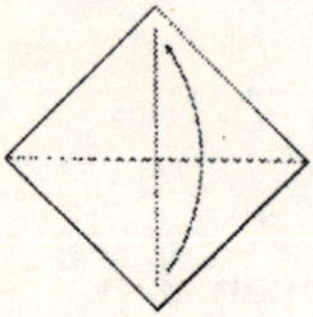

2- Sonra alt taraftan tutup, yine tam ortasına gelecek şekilde üste doğru katlıyoruz.

3- Oluşturduğumuz üçgeni dikey hale getirip, şekildeki gibi sivri ucunu sağa doğru katlıyoruz.

4- Şimdi de kağıdın ucunu tekrar sola doğru şekildeki gibi kıvırıyoruz.

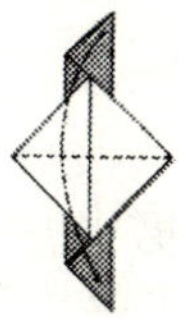

5- Ortadaki katları iki yana doğru açıyoruz. Daha sonra elde ettiğimiz şeklin üst ucunu alttakiyle birleştirecek şekilde katlıyoruz.

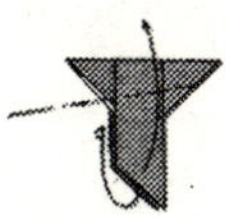

6- Aşağı doğru sarkan her iki parçayı da işaretli yerlerden, yani hafif bir açıyla yukarı doğru katlıyoruz.

7- Kuşumuzun gagasını oluşturacak bölümü şekildeki gibi hafifçe açıp, içe ve aşağı doğru katladığımızda kuşumuz uçmaya hazırdır.

# Zıplayan Kurbağa

Her çocuk kağıttan bir zıplayan kurbağa yapmayı bilmelidir. Çünkü yapması ve oynaması çok keyiflidir. Sevimli kurbağamız için de yeşil renkli bir fon kağıdı kullanabilirsiniz.

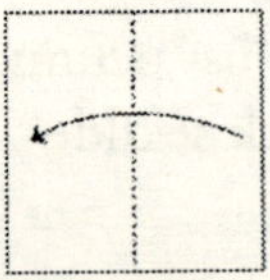

1- Öncelikle kare kağıdımızı ortadan ikiye katlıyoruz.

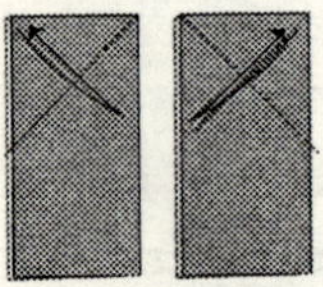

2- Sağ ve sol üst köşelerden şekildeki gibi katlayıp açıyoruz.

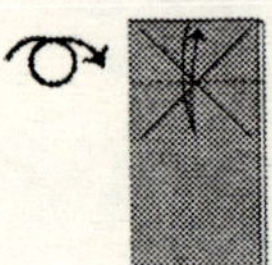

3- Kağıdımızı çeviriyoruz ve işaretli yerden katlayıp açıyoruz.

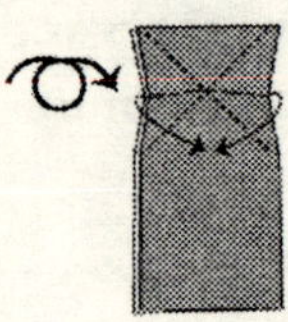

4- Öncelikle kağıdımızı tekrar çeviriyoruz, a ve b noktalarını katlayarak birleştiriyoruz, üstte kalan parçayı da bir üçgen oluşturacak şekilde birleşme noktasına doğru kıvırıyoruz.

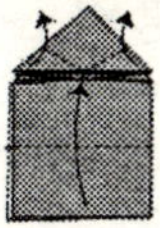

5- Kağıdımızın alt bölümünü, işaretli yerden, üçgenimizin taban çizgisine kadar katlayalım. Kurbağamızın ön ayaklarını yapmak için de, üçgenimizin köşelerini işaretli yerlerden kıvıralım.

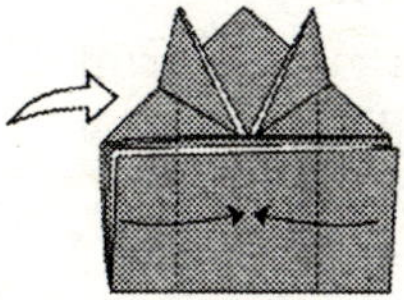

6- Yan kenarları da içe doğru tam ortada birleşecek şekilde katlıyoruz.

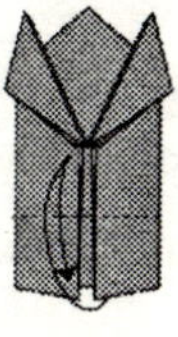

7- Kağıdın alt kısmından yukarıya doğru ön ayaklara kadar katlayıp açıyoruz.

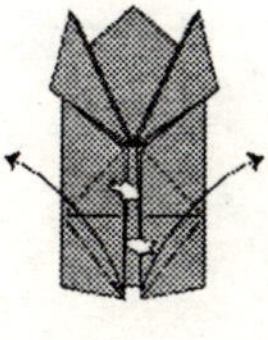

8- İşte işin en zor kısmı. Baş parmağınızı aşağı sarkan kapakların içerisine sokuyoruz ve en alt köşeleri yanlardan dışarıya doğru çekiyoruz. Alt kenar da şekildeki gibi yukarı doğru gelecektir.

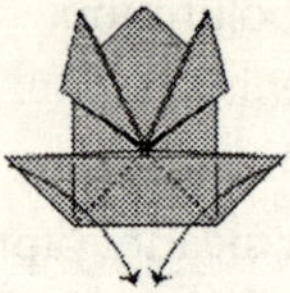

9- Şimdi de alttaki sağ ve sol köşeleri aşağıya doğru katlayalım.

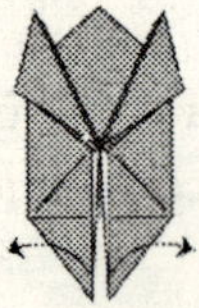

10- En alt köşeleri kurbağamızın arka ayaklarını oluşturacak şekilde dışarıya doğru katlıyoruz.

11- Kurbağamızın zıplaması için işaretli yerlerden tıpkı akordeon gibi bir zigzag katlama yapıyoruz. Kurbağamız gitmeye hazır.

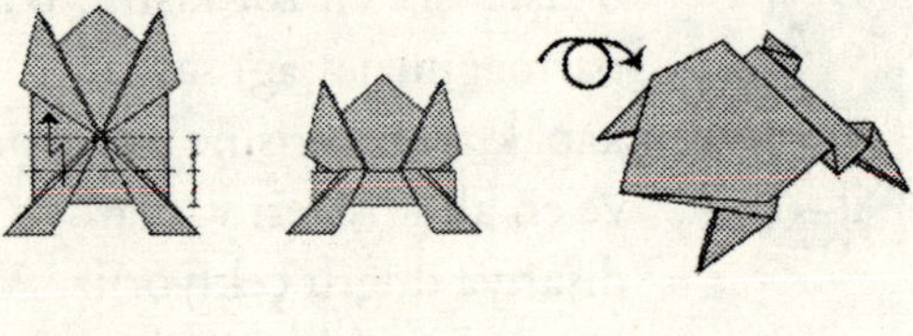

# ZEKA SORULARININ CEVAPLARI

*CEVAP - 1: Üçgen piramit ile.*

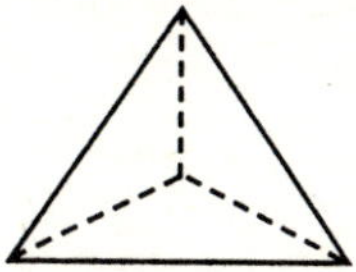

*CEVAP - 2: +'lardan birini 6 yaparız.*

*CEVAP - 3: 72 (Genel terim:2n2)*

*CEVAP - 4: 1+3+6+10+15=35 tane top var.*

*CEVAP - 5: Küp.*

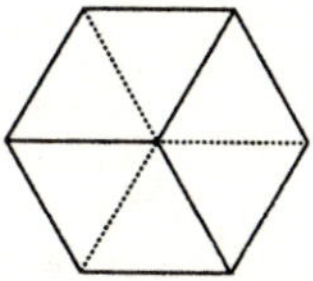

*CEVAP - 6: Sağ üst köşeye iki tane birden* yuvarlak konur.

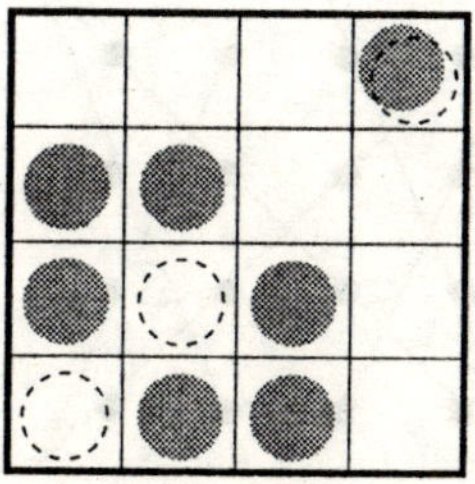

*CEVAP - 7: İlk parça: 0+11+12=23, ikinci:1+4+5+6+7=23, üçüncü:1+9+8+2+3=23.*

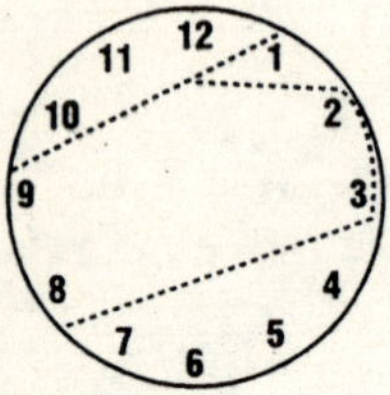


*CEVAP - 8: İki tur döner.*

*CEVAP - 9:*

| | | |
|---|---|---|
| 8 | 1 | 6 |
| 3 | 5 | 7 |
| 4 | 9 | 2 |

*CEVAP - 10:*

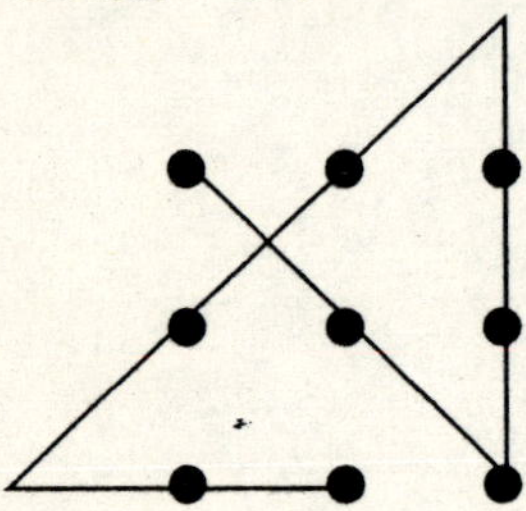

*CEVAP - 11:*

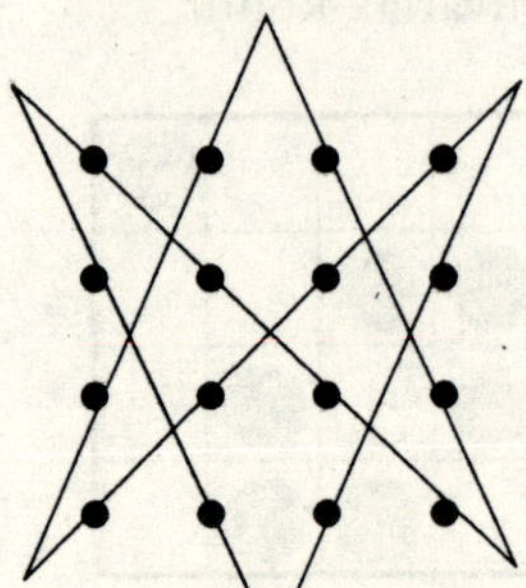

CEVAP - 12: Harfler, Ocak'tan başlayarak sırasıyla ayların 2. ve 3. harfleri. Buna göre cevap, Haziran kelimesinin 2. ve 3. harfleri olan AZ.

CEVAP - 13: Harfler, haftanın günlerinin ilk ve son harfleridir. Buna göre doğru cevap Cİ.

CEVAP - 14: ONYEDİ. Birinci terim hariç dizideki her terim, kendinden önce gelen terimlerin hepsinde toplam kaç harf olduğunu veriyor.

CEVAP - 15: Hepsinde, tüm aylarda 28 gün vardır.

SAYFA 58 - SUDOKU:

| | | | | | | | | |
|---|---|---|---|---|---|---|---|---|
| 4 | 7 | 5 | 2 | 3 | 9 | 8 | 1 | 6 |
| 8 | 9 | 2 | 5 | 6 | 1 | 3 | 4 | 7 |
| 3 | 6 | 1 | 8 | 7 | 4 | 9 | 2 | 9 |
| 9 | 5 | 4 | 3 | 1 | 7 | 2 | 6 | 8 |
| 1 | 3 | 6 | 4 | 9 | 8 | 5 | 7 | 5 |
| 7 | 3 | 8 | 6 | 5 | 2 | 4 | 9 | 1 |
| 6 | 8 | 9 | 1 | 2 | 3 | 7 | 5 | 4 |
| 5 | 4 | 7 | 9 | 8 | 6 | 1 | 3 | 2 |
| 2 | 1 | 3 | 7 | 4 | 5 | 6 | 8 | 2 |

**Kaynakça**

Richard Robinson, Odanızda Yapabileceğiniz Sihirbazlıklar.
Hazel Richardson, Zaman Makinesi Nasıl Yapılır.
Kimyacı.net